Lucien de Samosate

La déesse syrienne
(De dea syria)

suivi de

DIALOGUE DES COURTISANES

Introduction et traduction par Eugène Talbot

LUCIEN, SA VIE ET SES ŒUVRES

Lucien naquit en Syrie, à Samosate, ville située sur les bords de l'Euphrate et capitale de la Comagène, petit royaume qui, après avoir conservé une ombre d'indépendance sous les premiers empereurs, devint province romaine au temps de Domitien. La date de sa naissance n'a pu être fixée avec précision. On la place avec vraisemblance vers les dernières années du règne d'Adrien ou les premières de celui d'Antonin le Pieux, de 137 à 140 après J. C. Le nom de son père, homme pauvre et obscur, est demeuré inconnu : toutefois, le savant Moïse Dusoul croit qu'il s'appelait Sévéranus[1].

Lorsque Lucien, au sortir des écoles publiques, fut en âge d'apprendre un métier; son père le mit en apprentissage chez un oncle qui était statuaire[2]. Son début ne fut pas heureux; il brisa la tablette de marbre qu'on lui avait donnée à tailler. Son oncle irrité, saisissant une courroie qui était à sa portée, lui infligea une correction qui l'initia au métier par des pleurs. Lucien s'enfuit en sanglotant auprès de sa mère, qui maudit mille fois la brutalité de son frère, consola son enfant et obtint de son mari qu'il ne soit plus envoyé à cette rude école. En effet, Lucien, entraîné vers les lettres par une vocation qu'il a rendue célèbre dans sa vision allégorique du *Songe,* embrassa d'abord la profession d'avocat et plaida dans les tribunaux d'Antioche. Mais à peine eut-il connu, suivant son propre aveu[3], tous les désagréments de ce métier, la fourberie, le mensonge, l'impudence, les cris, les luttes et mille autres choses encore, qu'il laissa là les procès et l'attirail de la chicane pour se tourner vers la rhétorique, et se mit à voyager. On voit par un passage intéressant de *la Double accusation*[4] qu'il réussit aussitôt dans cette nouvelle carrière, mieux faite pour son génie, et que, selon la promesse que lui en avait faite la Science[5], il gagna des sommes considérables[6] en appliquant son talent oratoire à des déclamations publiques, à des improvisations, dont la finesse et la gaieté divertissaient ses nombreux admirateurs. C'était alors le bon

---

[1] Voy. l'édition de Lucien de Th. Lehmann, t, IV, p. 514.
[2] *Le Songe,* 1 et suivants.
[3] *Le Pêcheur ou les Ressuscités,* 29.
[4] *La Double accusation,* 27.
[5] *Le Songe,* 11.
[6] *Apologie pour ceux qui sont aux gages des grands,* 15.

temps des sophistes[7]. «Ils annonçaient un discours, dit M. Boissonade[8], comme aujourd'hui un musicien voyageur annonce un concert, et les peuples accouraient de toutes parts pour les entendre et leur payer généreusement le plaisir qu'ils procuraient.» Lucien les imita, et commença ses pérégrinations en Ionie, en Achaïe, en Macédoine, en Italie et dans les Gaules, lisant ou récitant des opuscules du genre de ceux qui nous restent sous les titres d'*Harmonide, Zeuxis ou Antiochus, le Scythe ou le Proxène, Hérodote ou Aétion, Bacchus, l'Éloge de la mouche*, etc. Ce fut à cette époque qu'il se rendit à Athènes, afin de s'instruire dans les arts de la Grèce, et qu'il fit un séjour à Rome auprès du célèbre philosophe Nigrinus[9]. Devenu riche, et jouissant d'une grande réputation de rhéteur, il revint une seconde fois en Grèce, vécut à Athènes dans l'intimité de Démonax[10], assista au suicide fanatique de Pérégrinus[11], et entra dans la seconde phase de son talent, en commençant son rôle de philosophe et de satirique.

A l'en croire, c'est vers sa quinzième année[12] qu'il se sentit quelque penchant vers l'étude de la philosophie, mais il ne s'y livra sérieusement qu'à l'âge de quarante ans[13], c'est-à-dire à l'époque de la maturité pleine et parfaite de son esprit, et il produisit alors les œuvres qui l'ont immortalisé. Doué d'une intarissable gaieté, qui éclate en saillies fines et sensées, d'un rare esprit d'observation, d'une connaissance profonde du cœur humain et de ses faiblesses; habile à manier l'ironie et la satire, Lucien ne charme pas seulement son lecteur par ce fond unique de qualités merveilleuses, il le captive par la beauté de sa diction, par le don qu'il a de peindre et d'animer les objets. Son style, pur et plein de goût, respire cet esprit de bon aloi, cette originalité nette et vive, cette véritable perfection attique, qu'on ne retrouve, avant lui, qu'aux plus beaux jours de la littérature grecque.

On comprend que des œuvres aussi brillantes aient attiré sur lui non seulement les regards bienveillants du public, mais l'immense renommée dont il vint se glorifier à Samosate dans un âge déjà avancé[14]. Il ne paraît point, toutefois, avoir séjourné longtemps dans sa ville natale. Il recommença ses voyages à travers la Cappadoce et la Paphlagonie, accompagné de son vieux père et des personnes

---

[7] Voy. Philostrate, *Vies des sophistes*; Louis Crésol, *Theatrum veterum rhetorum*, etc.; et Belin de Ballu, *Hist. de l'éloquence chez les Grecs*.

[8] *Biographie universelle* de Michaud, art. Lucien.

[9] Voir l'opuscule de ce nom.

[10] *Ib.*

[11] *Ib.*

[12] *Hermotimus*, 54.

[13] *La Double accusation*, 32.

[14] Voy. la fin du *Songe* et *l'Éloge de la patrie*.

de sa famille[15], jusqu'au moment où il fut chargé d'un emploi administratif en Égypte par Marc Aurèle ou par Commode. On ne sait pas au juste quel était cet emploi. Quelques biographes croient qu'il s'agit d'une charge de procurateur, d'autres pensent que Lucien fut simplement greffier en chef du préfet impérial. Voici ce qu'en dit Lucien lui-même[16] : « J'ai à gouverner une partie considérable de la province d'Égypte ; il me faut instruire les procès, établir l'ordre dans lequel ils doivent être appelés, tenir des registres exacts de tout ce qui se dit et de tout ce qui se fait, contenir les orateurs dans les bornes de la convenance, observer, de la manière la plus précise, les décrets de l'empereur dans toute leur intégrité, et veiller à la publicité et à la durée de leur exécution. » Ce passage, d'ailleurs si formel et si propre à faire cesser les doutes, n'a cependant pas convaincu, à ce qu'il paraît, tous les commentateurs de Lucien, puisque Dusoul ne pense pas que l'élu de l'empereur soit arrivé jusqu'en Égypte. Il faut alors en rester sur cette question aux simples conjectures, ainsi qu'on est forcé de le faire relativement à la mort de Lucien, que Suidas attribue aux morsures des chiens, et Bourdelot à une attaque de goutte. Cette dernière tradition est la plus vraisemblable. Suivant M. Boissonade[17] le poème burlesque de Lucien en l'honneur de la goutte donne lieu de croire qu'il était sujet à cette maladie. Il se plaisait à chanter son ennemie, comme cet Agrippinus Pasonius, dont parle Stobée, qui s'amusait à faire l'éloge de tous les maux qui lui arrivaient : éloge de la fièvre, quand il était pris de la fièvre ; éloge de l'infamie, quand il était noté d'infamie ; éloge de l'exil, quand il était exilé. Quelle que soit, du reste, la version qu'on adopte, il est certain que notre auteur mourut très vieux, à quatre-vingt ou quatre-vingt-dix ans, grossissant ainsi de son nom la liste des exemples de longévité qu'il avait dressée pour son ami Quintilius.

Aucun passage des œuvres de Lucien n'indique qu'il se soit marié : on croit pourtant qu'il eut un fils ; mais on aurait tort, sur la foi de Bourdelot, de confondre ce fils unique de Lucien avec un certain Lucien, sophiste de renom sous Julien l'Apostat, et auquel cet empereur adresse une de ses lettres. De cette esquisse biographique passons maintenant à celle de notre auteur, envisagé sous les formes multiples où s'est produit son admirable talent. Il est bien difficile de déterminer à quelle école, à quelle secte se rattachent, je n'ose pas dire les convictions, mais les sympathies philosophiques de Lucien. C'est le propre de la raillerie et du doute de laisser l'esprit se balancer dans une fluctuation et dans une mobilité

---

[15] Voy. *Alexandre ou le faux prophète*, 56.
[16] *Apologie*, etc., 12.
[17] *Biographie universelle*, article déjà cité.

continuelles. Comment alors exiger une doctrine solide et fixe du douteur et du railleur par excellence? Il y aurait cependant quelque injustice à l'accuser d'un pyrrhonisme absolu. Son bon sens, qui lui fait découvrir le vide des différents systèmes, et signaler les écueils où vont tour à tour se briser l'Académie, le Lycée et le Portique, l'avertit, en même temps, qu'il y a certains principes incontestables, certaines vérités positives, sur lesquelles s'appuie toute critique, et même toute négation. Aussi, dans la spéculation, me semble-t-il se rapprocher de Platon et d'Épicure; dans la pratique, de Diogène et de Zénon. Sa profession de foi sous ce rapport est nette et explicite. Si je ne m'abuse sur le sens d'un passage du traité intitulé *Hermotimus*, il me semble que Lucien, loin de se renfermer dans le scepticisme exclusif, qu'il est de tradition de lui reprocher, déclare avec une sincérité parfaite qu'il est sérieusement en quête de la vérité philosophique[18] :

« Hermotimus.

— Tu prétends donc, Lycinus, que nous ne devons pas philosopher, mais qu'il faut nous laisser aller à la paresse et vivre comme le vulgaire?

Lycinus.

— Et quand m'as-tu entendu tenir un semblable langage? Je ne prétends pas que nous devions renoncer à la philosophie. Voici ce que je dis: nous voulons philosopher; il y a plusieurs routes; chacune d'elles a la prétention de conduire à la philosophie et à la vertu; la véritable est inconnue; il faut donc faire son choix avec prudence. »

Et plus loin[19] :

« Lycinus.

— La raison te dit qu'il ne suffit pas de voir et de parcourir nous-mêmes toutes les sectes, afin d'être à portée de choisir la meilleure, mais qu'il faut encore une chose essentielle.

Hermotimus.

— Laquelle?

Lycinus.

— Une critique, mon cher, une méthode d'examen, un esprit pénétrant, un jugement juste et impartial, tels qu'il en faut pour prononcer sur de semblables matières; autrement, c'est en vain que nous aurons tout vu. Il est donc nécessaire, ajoute la raison, d'employer à cet examen un temps considérable, de nous placer tout sous les yeux, et de ne faire notre choix qu'après avoir beaucoup hésité, balancé, examiné, sans égard pour l'âge, l'extérieur, la réputation de sagesse

[18] *Hermotimus*, 52.
[19] *Ib.* 64.

de ceux qui parlent, mais comme font les juges de l'Aréopage, où les procès n'ont lieu que la nuit, dans les ténèbres ; afin que l'on ne considère pas les orateurs, mais leurs discours : alors seulement il te sera permis, après un choix solide, de philosopher. »

Ce ne sont pas là, selon moi, les paroles d'un sceptique endurci et intolérant ; ce sont plutôt celles d'un éclectique judicieux et sincère. Socrate et Descartes n'ont pas suivi d'autre voie, quand ils se sont proposé d'arriver par le doute à la découverte du vrai.

L'impartialité de ce même éclectisme se manifeste d'une manière encore plus significative dans un passage du *Pêcheur*[20], où Lucien répond à la Philosophie qui lui demande quel métier il exerce :

« Je fais métier, dit-il, de haïr la forfanterie, le charlatanisme, le mensonge, l'orgueil et toute l'engeance des hommes infectés de ces vices. Ils sont nombreux, comme tu sais.

La Philosophie.

— Par Hercule ! C'est un métier qui expose beaucoup à la haine. Lucien. Tu as raison. Aussi, tu vois que des gens me haïssent, et à quels périls ce métier m'expose. Cependant, je connais aussi parfaitement la profession opposée, c'est-à-dire celle dont l'amour est le principe. J'aime, en effet, la vérité, la probité, la simplicité, et tout ce qui est aimable de sa nature. Mais je trouve peu de gens avec qui je puisse exercer ce talent. Au contraire, le nombre de ceux qui sont dans l'autre camp, et dignes de haine, dépasse cinquante mille ; de sorte que je cours risque d'oublier le second métier, vu la rareté des occasions, et de devenir trop fort dans l'autre.

La Philosophie.

— C'est ce qu'il ne faut pas ; car, comme l'on dit, aimer et haïr sont deux sentiments du même cœur ; ne les sépare donc point. Ils ne font qu'un seul art, tout en paraissant en faire deux.

Lucien.

— Tu le sais mieux que moi, Philosophie. Telle est cependant mon humeur, que je hais les méchants, tandis que j'aime et loue les gens de bien. »

Je ne puis me décider à voir dans l'homme qui a écrit ces lignes honnêtes et sensées un railleur systématique, résolu à ne regarder que le côté ridicule et misérable des pensées comme des actions humaines.

Un fait capital, dont on doit également tenir compte, pour bien apprécier l'esprit philosophique de Lucien, c'est l'état où se trouvait le monde païen au

---

[20] *Le Pêcheur ou les Ressuscités*, 20.

IIe et au IIIe siècle de notre ère. La vieille société tombait en ruine : on ne croyait plus aux divinités de l'Olympe, et la philosophie n'était plus assez respectée ni assez respectable pour suppléer à la religion. Les mœurs publiques, que commençaient à peine à régénérer dans quelques parties de l'empire, les doctrines réparatrices et vivifiantes du christianisme, étaient arrivées au dernier période de dissolution et d'impudeur. Vieillards sans dignité, effrontés chercheurs d'héritages, foule tout à la fois superstitieuse et incrédule, flatteurs et parasites vendant leur liberté pour une place à la table des riches, rhéteurs ignorants et bavards, puis, par-dessus tout, une masse d'esprits flottants, irrésolus, livrés à l'indifférence, cette maladie mortelle des époques où manquent l'émulation vertueuse, le désir généreux de bien faire et la fermeté des convictions, tel était le monde qui s'étalait sous le regard observateur de Lucien.

Quels philosophes pouvaient produire cette société abâtardie, dégénérée, sans cœur, sans foi, sans esprit ? Voltaire, ce Lucien des temps modernes, va nous le dire[21] : « Quels étaient les philosophes que Lucien livrait à la risée publique ? C'était la lie du genre humain ; c'étaient des gueux incapables d'une profession utile, des gens ressemblant parfaitement au *Pauvre diable* dont on nous a fait une description aussi vraie que comique, qui ne savent s'ils porteront la livrée ou s'ils feront l'*Almanach de l'Année merveilleuse*, s'ils travailleront à un journal ou aux grands chemins ; s'ils se feront soldats ou prêtres, et qui, en attendant, vont dans les cafés dire leur avis sur la pièce nouvelle, sur Dieu, sur l'être en général, et sur les modes de l'être ; puis vous empruntent de l'argent, et vont faire un libelle contre vous avec l'avocat Marchand, ou le nommé Chaudon, ou le nommé Bonneval. » C'est ainsi que Voltaire, l'œil sur son siècle, juge les philosophes contemporains de Lucien ; mais la peinture que Lucien lui-même nous en trace dans l'*Icaroménippe*[22] est encore plus vive et plus piquante. « Il existe, dit-il, une espèce d'hommes qui, depuis quelque temps, monte à la surface de la société, engeance paresseuse, querelleuse, vaniteuse, irascible, gourmande, extravagante, enflée d'orgueil, gonflée d'insolence, et, pour parler avec Homère,

DE LA TERRE INUTILE FARDEAU

Ces hommes se sont formés en différents groupes, ont inventé je ne sais combien de labyrinthes de paroles, et s'appellent stoïciens, académiciens, épicuriens, péripatéticiens et autres dénominations encore plus ridicules. Alors, se drapant

---

[21] *Dict. philosophique*, art. Philosophie.
[22] *Icaroménippe*, 29 et suivants. Cf. le *Pêcheur*, 30 et suivants.

dans le manteau respectable de la vertu, le sourcil relevé, la barbe longue, ils s'en vont, déguisant l'infamie de leurs mœurs sous un extérieur composé, semblables à ces comparses de tragédie dont le masque et la robe dorée, une fois enlevés, laissent à nu un être misérable, un avorton chétif, qu'on paie sept drachmes pour la représentation. Cependant, tels qu'ils sont, ils méprisent tous les hommes, débitent mille sornettes sur les dieux, s'entourent de jeunes gens faciles à duper, déclament, d'un ton tragique, des lieux communs sur la vertu, et enseignent l'art des raisonnements sans issue. En présence de leurs disciples, ils élèvent jusqu'aux cieux la tempérance et le courage, ravalent la richesse et le plaisir ; mais, dès qu'ils sont seuls et livrés à eux-mêmes, qui pourrait dire leur gourmandise, leur lubricité, leur avidité à lécher la crasse des oboles ? Ce qu'il y a de plus révoltant, c'est que, ne contribuant en rien au bien public ou particulier, inutiles et superflus,

NULS AU MILIEU DES CAMPS ET NULS DANS LES CONSEILS,

ils osent, malgré cela, blâmer la conduite des autres, entassent je ne sais quels discours amers, ne songent qu'à rédiger des insolences, censurent et invectivent contre tout ce qui est autour d'eux. Chez eux, la parole est accordée au plus braillard, au plus impudent, au plus éhonté dans ses outrages. »

Voilà quels étaient du temps de Lucien les maîtres du peuple, les propagateurs de l'instruction morale et religieuse ! N'était-ce pas rendre service à la société que de les flétrir d'un stigmate public, et ne doit-on pas excuser Lucien d'avoir enveloppé parfois la véritable philosophie dans la proscription dont il frappait l'hypocrisie et l'impudence !

Mais ce n'était point assez de cette tourbe effrontée qui décriait et avilissait l'esprit humain. Une phalange audacieuse de magiciens, de devins, de sorciers, de joueurs de gobelets, de tireurs d'horoscope, de diseurs de bonne aventure, de fabricants d'onguents, d'oracles, de talismans et d'amulettes, exploitait la foule toujours avide du merveilleux et du surnaturel, et d'autant plus crédule que la ruse est plus grossière. De toutes parts, on s'empressait autour de ces thaumaturges, auxquels on prodiguait l'admiration, l'argent et les honneurs divins. Lucien, fidèle à son rôle, ne manque pas de démasquer ces fourbes sans vergogne et sans mœurs, ces menteurs effrontés, dont il a retracé le type dans la vie d'Alexandre d'Abonotichos, et de railler avec son bon sens ordinaire leurs pratiques superstitieuses et leurs scandales privés dans le *Menteur*, dans *Lucius* et dans le traité *Sur la déesse syrienne*.

Grâce aux liens étroits qui, chez les anciens, unissaient la philosophie à la religion, on ne peut guère séparer dans Lucien les doctrines philosophiques des croyances païennes. Là, je l'avoue, son scepticisme est radical et complet. Moqueur impitoyable, il a tout l'entrain bouffon, toute la verve sarcastique d'Aristophane ; et personne, après l'auteur des *Nuées*, de *la Paix* et des *Grenouilles*, n'a versé plus de ridicule sur toutes ces légendes mythologiques, que Cicéron traitait de contes de bonnes femmes et que réprouve la plus simple raison. Pas une divinité n'est épargnée : toutes passent sous le fouet de sa gaieté irrévérencieuse. Véritablement athée, au sens de l'orthodoxie païenne, il ne craint ni Jupiter ni son tonnerre, ni le Tartare ni les peines réservées à l'impiété. Les enfers ne sont pour lui qu'un théâtre, une salle de spectacle, où il fait agir et parler les personnages dont son imagination a ranimé les cadavres : l'Olympe est une scène burlesque, où s'agitent les marionnettes divines, dont il tire les fils et dirige les mouvements au gré de sa raillerie capricieuse et fantasque.

Je ne cherche point à dissimuler qu'en immolant le polythéisme aux témérités de son imperturbable raison, déguisée en imagination libre et folle, il a travaillé à la ruine de la religion de son pays et de son siècle, et entraîné vers l'incrédulité les esprits séduits par ses ironies bouffonnes. Mais je n'ai point, en raison même de cet effet produit par ses railleries, le courage de le condamner, vu qu'il frayait ainsi la voie à la religion du Christ ; et je ne suis pas plus sévère que les premiers chrétiens, qui, en faveur des bonnes plaisanteries qu'il avait dirigées contre les dieux et les pratiques du paganisme, lui pardonnèrent son indifférence et ne s'interdirent point la lecture de ses écrits[23]. Il y a plus : je ne puis douter qu'il n'ait forgé les armes dont se sont servis, pour saper à leur tour les bases du polythéisme, non seulement le satirique Hermias et le poète Prudence, mais les Pères de l'Église grecque et latine.

Les chrétiens ont donc pu le considérer moins comme un de leurs ennemis que comme un de leurs alliés et de leurs auxiliaires ; mais fut-il apostat, ainsi que certains auteurs l'ont prétendu ? Après avoir été initié aux dogmes de la religion nouvelle, l'a-t-il abandonnée, pour se donner ensuite le plaisir impie de la tourner en ridicule ? Non, dirons-nous avec Reitz, Gesner, Lehmann, et les plus habiles commentateurs du philosophe grec. Lucien n'est point absolument étranger à la religion chrétienne. J'avoue, pour ne rien dire du *Philopatris*, dialogue dont l'authenticité est fort douteuse, qu'il parle des chrétiens dans son *Alexandre*, qu'il les loue et les blâme tour à tour dans son *Pérégrinus* ; mais ce qu'il en dit prouve qu'il les confond avec les Juifs, ou qu'il n'a qu'une connaissance très imparfaite de leurs pratiques et de leurs croyances : si bien que cette question d'apostasie

---

[23] Cette réflexion est de Letronne.

reste au moins équivoque, si elle n'est complètement reléguée parmi les faits controuvés.

Ce qui cesse d'être contestable, c'est la sagacité de Lucien, la pénétration de son coup d'œil, la vivacité de sa dialectique, la justesse merveilleuse de son esprit comme satirique et comme moraliste ; qualités brillantes et solides sur lesquelles se fondent ses titres les plus légitimes à l'admiration sans cesse renouvelée de la postérité. En effet, il y a telle de ses satires qu'on croirait écrite d'hier, et les modèles qu'il s'est choisis vivent réellement sous nos yeux.

Tous les âges lui appartiennent par ce droit de conquête que le bon sens, servi par les dons de l'esprit, s'arroge avec justice sur l'orgueil et sur la sottise ; apanage éternel, empire sans bornes et sans fin. Mais, pour ne pas sortir du siècle où Lucien a vécu, tous les hommes sont égaux devant l'inflexible rigueur de la loi morale, au nom de laquelle il attaque les vices, fronde les abus, renverse les préjugés de son temps. Morgue des parvenus, vanité des souverains, calculs misérables ou hypocrites des besogneux et des flatteurs, passion sordide des avares, turpitudes des débauchés, prétentions pédantesques des faux érudits, manèges des courtisanes, il flagelle tout de sa lanière sanglante, et il marque ses victimes, pour employer une de ses expressions, d'un fer chaud, dont l'empreinte est un renard ou un singe[24]. Nulle part il ne déploie autant d'énergie native et de verve originale. Le cadre même qu'il adopte pour donner aux hommes d'utiles et durables leçons est une création qui lui appartient en propre. Il y sait unir, suivant la remarque d'un critique judicieux[25], quelque chose du génie de Platon et quelque chose aussi de la pétulance des anciens comiques, en un mot, il fait du dialogue un genre littéraire à part, nul de ses imitateurs, y compris Fénelon, Fontenelle et Voltaire, n'a pu devenir son égal.

Il n'est pas sans intérêt d'apprendre de Lucien lui-même[26] par quels procédés de l'esprit il a su fondre de la sorte en un drame plaisant et satirique la comédie d'Eupolis et d'Aristophane et les conversations familières de Platon et de Xénophon. « Dans le principe, dit-il, il n'y avait ni rapport ni amitié entre le Dialogue et la Comédie. L'un, relégué au logis ou borné à des promenades avec quelques intimes, n'étendait pas plus loin ses entretiens ; l'autre, tout entière à Bacchus, vivait en plein théâtre, s'ébattait, faisait rire, lançait des traits piquants, marchait au son de la flûte, et parfois, se donnant carrière dans des vers anapestiques, elle s'amusait aux dépens des amis du Dialogue, les appelant songeurs, pourchasseurs

---

[24] *Le Pêcheur ou les Ressuscités*, 46.
[25] Alexis Pierron, *Hist. de la litt. grecque*, chap. XLV.
[26] *Tu es un Prométhée dans tes discours*, 6. Cf. *Zeuxis ou Antiochus*, 1 et 2.

d'idées en l'air et autres choses semblables, et paraissant n'avoir d'autre but que de les tourner en ridicule et d'abuser contre eux de la liberté bachique. Ainsi, elle les représentait tantôt marchant dans les airs et habitant avec les Nuées, tantôt mesurant avec soin le saut d'une puce, pour dire qu'ils divaguaient dans la région des vapeurs. Mais le Dialogue ne tenait que de graves entretiens, des discours philosophiques sur la nature et sur la vertu ; si bien qu'il y avait entre la Comédie et lui la différence qui existe en musique entre le son le plus grave de la première octave et le plus aigu de la seconde. Nous, cependant, nous avons osé rapprocher deux genres tout à fait éloignés et accorder des choses tellement discordantes, qu'elles ne semblaient susceptibles d'aucun lien commun. »

Et ailleurs il fait dire au Dialogue[27] :

« Jusqu'ici j'étais plein de gravité, toujours en contemplation devant les dieux, la nature et les révolutions de l'univers ; marchant en l'air au milieu des régions qui avoisinent les nuages, à l'endroit où roule dans les cieux le char ailé du grand Jupiter, je touchais à la voûte céleste, je m'élançais au-dessus même du ciel, lorsque ce Syrien, me tirant par la jambe et me brisant les ailes, me réduisit à la condition commune. Il m'arracha mon masque tragique et majestueux, et m'en appliqua un autre comique, satyrique et presque ridicule. Bientôt il réunit et enferma chez moi la plaisanterie mordante, l'ïambe, le cynisme, Eupolis et Aristophane, gens experts dans l'art de railler ce que chacun respecte de bafouer ce qu'il y a de plus honnête. Enfin, il a été déterrer je ne sais quel Ménippe, un cynique du temps passé, un aboyeur, armé de dents acérées s'il en fut, et il a lâché à travers moi ce véritable chien, animal redoutable, qui mord sans en avoir l'air et d'autant mieux qu'il mord en riant. Comment ne me croirais-je pas indignement outragé, quand on m'enlève mon ancien et véritable costume, pour me forcer à jouer des comédies, des parades, des farces étranges ? Oui, ce qui me révolte le plus, c'est le singulier mélange dont je suis composé : je ne suis plus ni prose ni vers, mais, semblable à un hippocentaure, j'ai l'air aux yeux de ceux qui m'écoutent d'un monstre bizarre, d'un spectre de l'autre monde. »

A quoi Lucien répond[28] :

« Je ne m'attendais pas, juges, à soutenir devant vous ce débat, et j'espérais entendre le Dialogue vous dire de moi tout autre chose. Quand je l'ai pris jadis, il paraissait à la plupart des gens maussade et desséché par de fréquentes interrogations ; elles lui donnaient, je le veux bien, une physionomie vénérable, mais peu gracieuse et tout à fait désagréable au public. J'ai commencé à lui apprendre

---

[27] *La Double accusation*, 33.
[28] *La double accusation*, 34.

à marcher par terre à la façon des hommes ; j'ai lavé la crasse dont il était couvert, et, en le forçant à sourire, je l'ai rendu plus agréable aux spectateurs. Mais surtout je l'ai associé à la Comédie, et, par cette alliance, je lui ai concilié la bienveillance des auditeurs, qui jusque-là craignaient les épines dont il était armé, et n'osaient pas plus y toucher qu'à un hérisson. Je sais bien ce qui le contrarie énormément, c'est que je ne m'assieds pas auprès de lui pour discuter en détail ces subtilités pleines de finesse : si l'âme est immortelle ; combien Dieu, en faisant le monde, a versé de cotyles de la substance sans mélange et toujours identique dans le creuset où s'élaborait l'univers ; si la rhétorique est l'image d'une portion de la politique, dont la flatterie compose le quart. En effet, il aime à disserter sur ces minuties, comme ceux qui ont la gale se plaisent à se gratter ; ces méditations le charment, et il est tout fier quand on dit qu'il n'appartient pas à tout le monde de voir ce qu'il aperçoit distinctement au sujet des idées. Voilà ce qu'il réclame de moi ; il cherche partout ses ailes et regarde en l'air, tandis qu'il ne voit pas ce qui est à ses pieds. Je ne crois pas, pour le reste, qu'il ait à se plaindre de moi ; par exemple, qu'en lui ôtant son habit grec, je lui en aie mis un barbare, quoique je paraisse barbare moi-même ; car j'aurais été injuste, si j'avais ainsi violé les lois qui le protègent, et si je l'avais dépouillé de son vêtement national. »

Il nous semble impossible de mieux caractériser le talent de Lucien qu'il ne l'a fait lui-même dans les lignes qui précèdent ; et, quant à ce qu'il dit de sa fidélité à conserver au Dialogue sa physionomie primitive, c'est-à-dire l'élégance et l'atticisme des maîtres du genre, c'est un éloge auquel il a droit sans conteste. On trouve, en effet, chez lui, joints à la justesse excellente de la pensée, le mérite d'une expression puisée aux meilleures sources, et l'imitation des meilleurs modèles, rendue neuve par une puissante originalité. Chez lui la forme de la phrase, l'arrangement des mots, disposés d'après les habitudes de style des bons auteurs du siècle de Périclès, conservent toujours à l'idée sa clarté et sa transparence. Traite-t-il d'objets sérieux, Lucien sait être grave ; veut-il plaisanter et rire, il trouve les mots les plus piquants et les tours les plus agréables ; s'agit-il d'avertir, de conseiller ou de mordre, il rencontre sans peine les termes les plus sages, les plus persuasifs ou les plus caustiques. Il excelle à égayer par la naïveté de quelques proverbes populaires la force de ses raisonnements et la rigueur de ses preuves ; il cite avec un à-propos merveilleux, et une érudition qu'on peut dire inépuisable, des vers d'Homère, de Théognis, d'Hésiode, d'Euripide, de Pindare, des réflexions empruntées à Xénophon, à Thucydide, à Hérodote, à Démosthène et à Platon. Enfin il semble, ainsi que le fait observer un de ses éditeurs[29], un

---

[29] J. Bénédict.

Protée qui prend toutes les formes, un caméléon qui se colore de toutes les nuances du discours : tant est variée la finesse de son pinceau ; tant il excelle, comme les abeilles, à composer le miel de ses écrits des fleurs les plus diverses et les plus parfumées.

Il ne faut pourtant pas croire qu'il ne se trouve mêlée à ce miel une bonne dose d'absinthe et d'amertume. Je ne m'aveugle pas sur les défauts de Lucien. La raison exagérée, qui dépasse le but au lieu de l'atteindre, ne me plaît pas plus que la déraison. Or, Lucien excède souvent la mesure : alors les teintes de son style, libre jusqu'à la licence, ont parfois cette crudité triviale de ton qui nous choque dans Rabelais. Ce n'est pas toujours de sel attique qu'il assaisonne ses épigrammes, mais parfois, et notamment dans le *Pseudologiste*, ainsi que dans l'opuscule *Contre un ignorant bibliomane*, ses plaisanteries sont grossières, obscènes, tout imprégnées de fiel et d'insolence. Je le dis volontiers, s'il n'eût écrit que de la sorte, Lucien, comme le curé de Meudon dans ses passages orduriers, n'aurait été, pour parler avec La Bruyère, que le charme de la canaille. Heureusement ces endroits sont rares ; il va plus souvent encore que l'auteur de *Pantagruel* à l'exquis et à l'excellent, et il ne cesse guère d'être ainsi le mets des plus délicats.

Ce sont ces qualités éminentes qui semblent donner à Lucien le droit de se faire, à son tour, maître en l'art d'écrire, et d'enseigner, soit au moyen de la critique et du persiflage, soit par des conseils dogmatiques et précis, les principes de la saine littérature et les préceptes du bon goût. Il a tracé d'une main ferme, judicieuse et élégante, les règles de la composition historique dans un traité que n'ont surpassé ni Fénelon, ni d'Aguesseau, ni Saint-Evremond, ni Voltaire, ni l'abbé Mably. Son *Maître de Rhétorique*, en tournant en ridicule l'éloquence fardée, ampoulée, frelatée des mauvais rhéteurs de son époque, ne manque pas de montrer par voie d'opposition en quoi consiste l'éloquence véritable et naturelle, celle qui vient du cœur et ravit la sympathie d'un auditoire.

Il termine son *Lexiphane* par des réflexions pleines de justesse et de bon sens sur les moyens de se perfectionner le goût et le style[30]. « Si tu veux, dit-il, mériter de sincères éloges pour tes écrits et te faire bien venir du public, fuis tout cet attirail de mots et prends-le en dégoût. Commence par les bons poètes : quand tu les auras lus sous la direction de tes maîtres, passe aux orateurs, et nourris-toi de leur style ; il sera temps alors d'arriver aux œuvres de Thucydide et de Platon, après t'être exercé par la lecture de l'aimable comédie et de la sévère tragédie. Lorsque tu auras cueilli comme autant de fleurs toutes les beautés de ces ouvrages, tu seras quelque chose dans l'éloquence ; mais aujourd'hui tu ressembles, sans le vouloir,

---

[30] *Lexiphane*, 21 et 22.

à ces vases que les potiers fabriquent pour le marché : au dehors, tu es peint en rouge et en bleu ; au dedans, tu n'es qu'une argile cassante. Si tu suis mes avis, si tu veux accepter quelque temps le reproche d'ignorance, et si tu n'as pas honte de recommencer ton éducation, tu pourras, en toute assurance, t'adresser à la multitude ; on ne te rira plus au nez, comme aujourd'hui, et tu ne seras plus la fable des gens instruits qui, par moquerie, te nomment grec et attique, lorsque tu ne mérites pas même d'être mis au rang des barbares lettrés. Avant tout, retiens bien ceci. N'imite pas les mauvais exemples des sophistes qui nous ont précédés depuis peu ; ne te repais point, comme tu le fais, de leurs inepties ; au contraire, fais-en litière, et rivalise avec les anciens modèles. Ne te laisse pas charmer par les fleurs passagères du langage ; mais, à la manière des athlètes, fais usage d'une nourriture solide ; surtout sacrifie aux grâces et à la clarté. »

Je crois inutile d'insister sur le *Pseudosophiste* de Lucien, traité technique plus grammatical que littéraire ; mais il me semble, si je ne me fais illusion, qu'en suivant exactement les conseils qu'il donnait à ceux de ses contemporains jaloux de pratiquer l'art de bien écrire, nul d'entre eux ne devait désespérer d'atteindre à un talent qu'il a lui-même porté jusqu'à la perfection.

Peut-être s'étonnera-t-on que Lucien, si fin appréciateur des beautés mâles ou délicates de la littérature attique, ne fasse dans ses ouvrages aucune mention de la littérature latine, qui cependant avait produit ses chefs d'œuvre au moment où il écrivait. Mais, suivant une remarque que nous avons entendu faire au savant M. Le Clerc, l'éducation et l'instruction de Lucien est tout orientale et toute grecque : le monde de l'Occident n'existe point pour lui. Quoiqu'il ait voyagé en Italie, quoiqu'il ait vu Rome, dont il offre une peinture si curieuse dans son *Nigrinus*, il paraît n'avoir emporté de ses excursions dans les contrées occidentales que le plus souverain mépris de tout ce qui a rapport aux œuvres littéraires de cette région de l'empire. C'est un fait qui, du reste, n'est point isolé, ni particulier à Lucien, Denys d'Halicarnasse, qui, dans la partie historique de ses écrits, se montre si versé dans les antiquités romaines, semble, dans la partie littéraire, croire que les Romains n'ont jamais eu d'historien, de poète ni d'orateur. On aurait donc tort d'imputer à une absence de goût ce qui n'est, selon nous, qu'un excès d'amour-propre national poussé jusqu'à l'injustice, ou bien une lacune dans une éducation d'ailleurs polie et vraiment achevée.

L'esquisse que nous traçons du talent souple et divers de notre auteur serait incomplète, si nous omettions de parler du goût éclairé de Lucien pour les beaux-arts, et surtout de ses connaissances dans la peinture et dans la statuaire. Si notre traduction n'a point trahi ses idées, si elle a reflété, comme un miroir fidèle, les tableaux qu'il a reproduits ou dessinés de génie avec une netteté si parfaite de crayon, un éclat si brillant et une fraîcheur si vive de coloris, nos lecteurs ne nous accuseront point d'une admiration outrée, lorsque nous ferons observer que Lucien est un des connaisseurs, pour ne pas dire un des artistes, les plus distingués de l'antiquité. Où trouver rien de plus ravissant que l'analyse de la toile qui représente la centauresse de Zeuxis[31] ; rien de plus gracieux, de plus suave que l'image des noces de Roxane et d'Alexandre[32] ? Le portrait de cette Panthéa[33], que les uns croient la maîtresse de Lucius Vérus, et d'autres Lucilla, femme de Marc Aurèle, ne révèle-t-il pas une étude approfondie, une observation minutieuse des plus belles œuvres qu'aient produites les grands peintres et les grands sculpteurs de la Grèce ? Le tableau allégorique qui termine le traité intitulé *Sur ceux qui sont aux gages des grands*, celui qui est placé au commencement du traité *De la délation*, ne sont-ils pas des morceaux achevés dans leur genre ? Quant aux passages si riches et si justes d'observation, où Lucien, peintre lui-même, nous représente le paon étalant le printemps de ses plumes au milieu d'une prairie émaillée de fleurs[34], ou bien la mouche se jouant dans un rayon de soleil[35], nous ne voyons que notre Buffon qui puisse lui disputer la palme. Joignons à cette science de toutes les branches qui composent les arts pittoresques ou plastiques, une connaissance exacte de l'architecture, un sentiment plus que théorique de la mélodie et de l'harmonie, et nous dirons, sans craindre de nous tromper, que jamais écrivain n'a eu le bonheur de pouvoir mettre autant de ressources artistiques au service de son style, ni d'animer son expression de nuances plus variées, d'images plus vraies et plus séduisantes.

Avec un esprit aussi merveilleusement doué, une organisation aussi complète, une intelligence aussi étendue, Lucien ne manque-t-il pas de cœur et de sensibilité ? C'est une question qui a été quelquefois posée et débattue. Nous ne voulons point la passer sous silence. On ne peut disconvenir que le métier de satirique et de moqueur ne donne aux facultés morales de celui qui l'exerce une direction, un tour particulier, qui l'éloigne de l'émotion et de la sympathie, pour le rapprocher de la froideur et de la sécheresse. A le prendre d'une manière absolue, La Bruyère a raison quand il dit que le plaisir de la critique nous ôte celui d'être vivement touché de très belles choses. Mais ce penchant de l'esprit à ne voir que le méchant côté des objets et des hommes, cette humeur qui s'irrite de tout ce qui est faux et de tout ce qui est mal, cette passion de l'ordre moral ou littéraire

---

[31] Voy. le morceau intitulé *Zeuxis ou Antiochus*, 2.
[32] Voy. *Hérodote ou Aétion*.
[33] Voy. *Portraits* et *Pour les portraits*.
[34] *Sur un appartement*, 11.
[35] *Éloge de la mouche*, 1 et suivants.

poussée jusqu'au despotisme et à l'intolérance, cette aptitude enfin à rencontrer des termes piquants, des formes incisives, des comparaisons pittoresques et ingénieuses pour mettre en saillie les ridicules et les travers, n'est point incompatible avec une sensibilité vraie et profonde. Je mets hors de cause Virgile, Racine et Molière, cœurs aimants, natures délicates, qui cependant ont été, au besoin, de terribles railleurs. Mais, pour ne considérer que les moqueurs de profession, Aristophane, Horace, Régnier, Boileau et Voltaire ne laissent-ils pas échapper parfois à travers leurs pointes amères, leurs ironies caustiques, leurs mots cruels, des traits de sentiment exquis, des expressions propres à une âme capable d'être émue et attendrie ? Il en est de même de Lucien. On trouve dans le *Toxaris* des passages pleins de charme et de délicatesse sur l'amitié, le dévouement, l'abnégation, le sacrifice personnel, tous sentiments qu'on ne peut bien exprimer que pour en avoir compris ou éprouvé la douce et vivifiante chaleur. Il se montre dans le *Nigrinus* touché jusqu'aux larmes par l'éloquence honnête et persuasive de ce sage philosophe. Dans l'*Éloge de Démosthène*, il rend un magnifique hommage au talent et au patriotisme du plus grand orateur de l'antiquité et du plus grand citoyen d'Athènes. Un écrivain qui prête à Antipater, à Philippe, à Démosthène lui-même, les généreuses paroles, le langage noble, passionné, dramatique, que Lucien leur met dans la bouche, n'a pas seulement de l'esprit, de la verve moqueuse, il a de l'âme : ce n'est pas un rhéteur, un sophiste qui parle, c'est un homme généreux et convaincu.

Telle est, sauf erreur, l'idée que nous nous sommes faite de Lucien, après en avoir étudié les écrits et le caractère ; tel est le philosophe et l'écrivain que nous avons entrepris de traduire, avec son air original, ses qualités et ses défauts : tâche attrayante, mais d'une exécution difficile, qui nous a coûté un travail long et continu, dont nous livrons aujourd'hui le fruit à l'appréciation indulgente de nos lecteurs.

Pour le texte, nous avons eu sous les yeux les éditions complètes les plus autorisées, notamment celles de J. Th. Lehmann, de G. Dindorf, de Ch. Jacobitz et d'Imm. Bekker[36]. Nous n'avons pas négligé cependant les éditions partielles données par les philologues dont on trouvera les noms dans le catalogue du libraire Klinscksieck, rédigé par Wilhelm Engelmann[37], et nous nous sommes également servi pour quelques traités et pour les dialogues classiques des éditions de MM. Quicherat, Pessonneaux, Paret et Dübner.

Quant à la traduction, nous avons mis à profit celles qui ont précédé la nôtre, c'est-à-dire les versions de Perrot d'Ablancourt et de Belin de Ballu[38]. Elles sont trop connues pour que nous en portions ici un jugement, qui ne serait qu'une redite. Nous ferons seulement observer que la belle infidèle de d'Ablancourt, datant de 1654, a nécessairement perdu à travers les âges ce caractère de beauté qu'on se plaisait à lui reconnaître, et qu'il ne lui reste plus guère que la dernière des deux qualités, par lesquelles Ménage l'avait spirituellement désignée. Belin de Ballu est infiniment supérieur à son modèle. Quoique sa traduction ait paru en 1789, elle n'a point trop vieilli. Cependant le système qu'il a suivi s'écarte encore beaucoup de celui que les maîtres du genre nous ont depuis fait connaître[39] :

---

[36] Voici les titres complets de ces ouvrages : *Luciani Samosatensis Opera,* græce et latine post Tiberium Hemsterhusium et Joh. Fredericum Reitzium denuo castigata, etc., edidit Johannes Theophilus Lehmann, Lipsiæ, 1822-1831, 9 vol. in-8. On y tronve résumés tous les travaux de la philologie moderne sur Lucien. — *Luciani Samosatensis Opera*, ex recensione Guilielmi Dindorf, græce et latine cum indicibus, Paris, Firmin Didot, 1840, 1 vol. In-4. — *Luciani Samosatensis Opera*, ex recognitione Caroli Iacobitz, Lipsiæ, 1853, 3 vol. in-12. *Luciani Samosatensis Opera*, ex recognitione Immanuel Bekker, Leipsig. 18153, 2 vol. In-8. — Mentionnons également l'édition Tauchnitz, sans nom de réviseur, mais remarquable par les arguments qui précèdent chaque morceau, Leipsig, 1829, 4 vol. in-16.

[37] Leipsig, 1847, p. 134 et suivantes.

[38] Voici la désignation exacte des traductions complètes de Lucien : *Lucien*, traduit par Filbert Bretin, imprimé par Abel l'Angelier, Paris, 1582, in-fol. — *Œuvres de Lucien*, traduites par J. Baudoin, Paris, 1613, in-4. — Les *Dialogues et autres œuvres de Lucien*, traduits du grec en françois avec des remarques par Nic. Perrot Fr. d'Ablancourt, Paris, Augustin Courbé, 1654, 2 vol. in-4. — La même, 1674, in-8. — La même, Amsterdam, 1683, in-8. — La même, Paris, 1707, 3 vol, In-12. — *Œuvres de Lucien traduites en françois* par l'abbé Massieu, Paris, 1784 et 1787, 6 vol. in-8. Belin de Ballu en a fait une critique judicieuse et une censure des plus méritées dans sa préface et dans quelques-unes de ses notes. *Œuvres de Lucien traduites du grec, avec des remarques historiques et critiques sur le texte de cet auteur, et la collation de six manuscrits de la Bibliothèque du roi*, par Belin de Ballu, Paris, 1789, 6 vol. in-8. Belin de Ballu n'a traduit ni le *Lexiphane* ni le *Pseudosophiste*, que nous donnons en français pour la première fois.

[39] « Le système de traduction qui prévaut aujourd'hui, dit M. Artaud dans la préface de sa traduction de Sophocle, consiste il se tenir le plus près possible du texte : à tâcher de le reproduire exactement, avec ses qualités comme avec ses défauts ; à conserver la physionomie de l'original, autant du moins que le comporte le génie de notre langue... Il est une tentation assez fréquente, à laquelle le traducteur est forcé de résister, c'est d'adoucir quelques nuances trop heurtées, d'atténuer la brutalité de certains sentiments qui choquent nos habitudes et nos idées modernes. Il

il ne serre jamais le texte d'assez près ; il atténue fréquemment l'expression éner-gique, le tour hardi de l'auteur grec ; il en éteint le feu ; il en ralentit l'allure vive et dégagée ; il va jusqu'à lui donner un air solennel et quelque peu guindé dans des passages dont le mérite est le jet soudain de la pensée, la rapidité du mouve-ment, l'agilité du mot, la prestesse de la réplique. Aussi, bien que nous l'ayons toujours eu devant nous, nous avons plus souvent évité de le suivre qu'essayé de marcher constamment sur ses traces. En outre, les travaux de la critique et de la philologie ont fait de tels progrès depuis Belin de Ballu, que le texte d'après lequel il a travaillé est bien loin de valoir pour la pureté, la correction, l'heureuse introduction de judicieuses variantes, celui que nous ont fourni Lehmann et les éditeurs allemands. Nous avons donc trouvé des ressources qui lui manquaient ; seulement cette heureuse fortune nous a imposé le devoir de faire mieux que lui. Nous l'avons essayé, heureux si notre ambition n'est point déçue, et si nous avons rendu quelque service aux lettres grecques, en offrant au public sous une forme nouvelle les saillies toujours neuves, le bon sens toujours actuel, la physio-nomie toujours jeune de l'inimitable Lucien !

Eugène Talbot

---

doit se tenir en garde contre ce penchant, sous peine de substituer une image de convention à une image fidèle. Il n'est pas chargé de corriger son auteur et de le rendre irréprochable, ni de le travestir à la mode changeante des convenances locales. »

LA DÉESSE SYRIENNE

I[40]. Il existe, en Syrie, une ville située non loin de l'Euphrate ; elle se nomme Hiéra, la ville sacrée, et elle est, en effet, consacrée à la Junon assyrienne. Je crois que le nom de cette ville ne lui fut pas donné lors de sa fondation. Elle en avait un autre anciennement[41] ; mais, dans la suite, comme on y commença les grands mystères, elle prit, à cette occasion, le nom de « Sacrée ». Je vais donc parler de cette ville et de tout ce qu'elle renferme : je dirai les rites observés dans les cérémonies, les assemblées solennelles, les sacrifices qu'on y accomplit ; je rapporterai tout ce que l'on raconte sur les fondateurs de ce culte et sur ce qui donna lieu à la construction du temple. Assyrien de naissance, je relate des faits que j'ai vus de mes propres yeux, ou qui m'ont été communiqués par les prêtres, quand ces faits étaient antérieurs à mon époque.

II. Les premiers hommes qui, à notre connaissance, aient eu quelque notion des dieux sont, dit-on, les Égyptiens, qui leur ont consacré des temples, des enceintes et des assemblées solennelles. Ce sont eux aussi qui, les premiers, ont trouvé des expressions et des formules consacrées. Peu de temps après, les Assyriens, instruits par les Égyptiens de leurs croyances relatives aux dieux, établirent un culte, et élevèrent des édifices où ils dressèrent des statues et des figures sculptées.

III. Dans l'origine, les temples des Égyptiens n'avaient aucune de ces décorations. Or, il y a encore en Syrie des temples à peu près aussi anciens que ceux de l'Égypte ; je les ai vus moi-même pour la plupart, notamment celui d'Hercule à Tyr ; non pas l'Hercule des Grecs, mais un autre d'une antiquité beaucoup plus reculée, l'Hercule tyrien[42].

IV. On voit aussi, en Phénicie, un grand temple que possèdent les Sidoniens,

---

[40] Belin de Ballu et plusieurs interprètes de Lucien doutent de l'authenticité de ce dialogue, écrit en dialecte ionien. Wieland et d'autres critiques qui font autorité, en regardent Lucien comme l'auteur. On y trouve de nombreuses imitations du style d'Hérodote, dont l'auteur semble parfois se moquer.

[41] Strabon nous apprend qu'elle se nommait d'abord *Edesse* ou *Bambycé*. Selon Pline l'Ancien, livre V, chap. XXXIII, les Syriens donnaient à celle ville le nom de *Magog*.

[42] On dérive le nom de l'Hercule tyrien du mot phénicien *haroket*, qui signifie *marchand*.

consacré, disent-ils, à Astarté. Astarté, selon moi, c'est la lune. Mais, si l'on s'en rapporte à ce que m'a dit un des prêtres de ce temple, il est dédié à Europe, sœur de Cadmus. Europe, fille du roi Agénor, ayant disparu, les Phéniciens l'honorèrent d'un temple, et racontèrent sur elle cette légende sacrée, que sa beauté excita les désirs de Jupiter, qui se changea en taureau, l'enleva et la porta en Crète. D'autres Phéniciens m'ont raconté cette même tradition, et la monnaie dont se servent les Sidoniens représente Europe assise sur un taureau, qui est Jupiter. Mais tous ne conviennent pas que ce temple soit celui d'Europe.

V. Les Phéniciens ont encore un autre culte : il n'est pas assyrien, mais égyptien : il a été apporté d'Héliopolis en Phénicie. Je ne l'ai pas vu ; mais on le dit solennel et ancien.

VI. J'ai vu, à Byblos, un grand temple de Vénus byblienne, dans lequel on célèbre des orgies en l'honneur d'Adonis. Je me suis fait initier à ces orgies[43]. Les habitants de Byblos prétendent que l'histoire d'Adonis, blessé par un sanglier, s'est passée dans leur pays. En mémoire de cet événement, ils célèbrent, tous les ans, des orgies, dans lesquelles ils se frappent la poitrine, pleurent et mènent un grand deuil par tout le pays[44]. Quand il y a assez de plaintes et de larmes, ils envoient des présents funèbres à Adonis, en sa qualité de mort ; mais, le lendemain, ils racontent qu'il est vivant et le placent dans le ciel. En outre, ils se rasent la tête, comme les Égyptiens à la mort du bœuf Apis. Les femmes qui ne veulent pas sacrifier leur chevelure payent une amende qui consiste à prostituer leurs charmes pendant une journée. Les étrangers seuls, du reste, ont droit à leurs faveurs, et le prix du sacrifice est offert à Vénus[45].

VII. Quelques habitants de Byblos prétendent que l'Osiris égyptien est enseveli chez eux, et que le deuil et les orgies ne se célèbrent point en l'honneur d'Adonis, mais que tout cela s'accomplit en mémoire d'Osiris. Je vais dire comment ils semblent avoir raison. Tous les ans, il vient d'Égypte à Byblos une tête qui nage sur les flots pendant sept jours : les vents la poussent par une puissance mystérieuse ; elle n'est jamais emportée d'un autre côté, et elle ne manque jamais

---

[43] Dérivé du verbe *faire*, les *orgies* sont l'équivalent du latin *sacra facere*, ou, simplement, *facere*, accomplir les actes sacrés. On peut traduire *orgies* par célébrations (NDE).

[44] Voy. Théocrite, *Idylle* XV ; et la dissertation de l'abbé Banier dans les *Mémoires de l'Académie des inscriptions et belles-lettres*, CIII, p. 98.

[45] Cf. Hérodote, *Clio*, CXIX ; Justin, livre XVIII, chap. V ; Athénée, livre XII, § 11 ; Elien, *Hist. div.*, livre IV ; Pomponius Méla, livre I, chap. VIII.

d'arriver à Byblos. C'est une vraie merveille, qui arrive chaque année, et dont je fus témoin lors de mon séjour à Byblos, où j'ai vu cette tête faite de papyrus.

VIII. On voit encore une autre merveille dans le territoire de cette ville : c'est un fleuve qui descend du mont Liban et va se jeter dans la mer. On lui a donné le nom d'Adonis. Chaque année, son eau se change en sang ; et, après avoir perdu sa couleur naturelle, il se répand dans la mer, dont il rougit une partie considérable, ce qui indique aux habitants de Byblos le moment de prendre le deuil. Or, on dit que, dans ces mêmes jours, Adonis est blessé sur le Liban, que son sang change la couleur de l'eau, et que de là vient le surnom du fleuve. Voilà la tradition. Mais un habitant de Byblos, qui m'a paru dire vrai, m'a donné une autre raison de ce phénomène. Voici ce qu'il m'a dit : « Le fleuve Adonis, étranger, traverse le Liban. Le Liban est composé d'une terre extrêmement rouge. Des vents violents, qui s'élèvent à jour fixe, transportent dans le fleuve cette terre chargée de vermillon, et c'est elle qui donne à l'eau la couleur du sang ; ce n'est donc pas le sang qui est, comme l'on dit, la cause de ce phénomène ; c'est la nature du terrain. » Telle est l'explication de l'habitant de Byblos, si elle est véritable, le retour périodique de ce vent ne me parait pas moins une intervention divine.

IX. De Byblos, je remontai vers le Liban l'espace d'une journée de chemin. J'avais appris qu'il y avait, sur cette montagne, un ancien temple de Vénus, fondé par Cinyre. Je l'ai vu : c'est un édifice antique. Voilà quels sont les temples, grands ou anciens, répandus dans la Syrie.

X. Quel qu'en soit le nombre, je n'en ai pas rencontré de plus grand que celui d'Hiérapolis, ni d'édifice plus auguste, ni de contrée plus sainte. Ce temple renferme des ouvrages précieux, d'antiques offrandes, une foule d'objets merveilleux, des statues vénérées et des dieux toujours présents. En effet, les statues y suent, se meuvent et rendent des oracles. Souvent une voix se fait entendre dans le sanctuaire, le temple fermé : beaucoup l'ont entendue. A l'égard des richesses, ce temple est le premier de ceux que je connais. De continuels tributs lui arrivent d'Arabie, de Phénicie, de Babylonie, de Cappadoce, de Cilicie et d'Assyrie. J'ai vu le trésor secret du temple où sont déposées ces richesses ; nombreuses étoffes, objets en argent, objets en or rangés séparément. Les fêtes et les solennités y sont plus fréquentes que chez aucun autre peuple.

XI. On m'a raconté à combien d'années pouvait remonter l'antiquité de ce temple et à quelle déesse on le croit dédié. Les versions sont différentes : les unes sacrées, les autres précises, quelques-unes complètement fabuleuses. D'autres encore sont barbares, d'autres conformes à celles des Grecs. Je vais les exposer toutes, mais je n'en admets aucune.

XII. L'opinion commune attribue à Deucalion le Scythe la fondation de ce temple. Ce Deucalion est celui sous lequel arriva la grande inondation. On m'a parlé de Deucalion chez les Grecs. Voici ce qu'ils en disent et la substance de leur tradition : « La race actuelle des hommes n'a pas été la première, mais la génération qui précédait a péri entièrement. Les hommes d'aujourd'hui proviennent de la seconde race, qui s'est multipliée par Deucalion. On raconte de ces premiers hommes que, leur brutalité étant excessive, ils commettaient toutes sortes de crimes, violaient leurs serments, ne pratiquaient point l'hospitalité, et repoussaient les suppliants. Ils en furent punis par un événement terrible. Tout à coup la terre laisse échapper une énorme quantité d'eau ; il tombe de grandes pluies, les fleuves débordent, la mer passe par-dessus ses rivages ; tout n'est plus qu'une masse d'eau où le genre humain périt. Deucalion seul est réservé pour une seconde génération, à cause de sa droiture et de sa piété. Voici comment il fut sauvé : il avait un grand coffre ; il y fait monter ses enfants et ses femmes. Lorsqu'il y montait, les porcs, les chevaux, les lions, les serpents et les autres animaux qui vivaient sur la terre viennent à lui, couple par couple. Il les reçoit tous. Ils ne lui font aucun mal ; au contraire il règne entre eux une grande amitié, grâce à une influence divine. Tous ensemble surnagent dans le coffre, tant que l'eau recouvre la terre. » Voilà ce que les Grecs racontent de Deucalion.

XIII. Pour ce qui suit, les habitants d'Hiérapolis rapportent un fait on ne peut plus surprenant ; à savoir que dans leur pays il se fit une grande ouverture par laquelle l'eau fut tout absorbée. Deucalion, après cet événement, dressa des autels et éleva, au-dessus de l'ouverture, un temple qu'il consacra à Junon. J'ai vu l'ouverture située sous le temple : elle n'est pas très grande. Fut-elle plus large autrefois, et devenue si petite aujourd'hui, je n'en sais rien ; mais elle est petite. Comme preuve de ce fait, on pratique encore maintenant cette cérémonie : deux fois l'année on fait venir dans le temple de l'eau de mer. Ce ne sont pas seulement les prêtres qui l'apportent ; mais la Syrie, l'Arabie entière, ainsi que plusieurs peuples qui habitent au-delà de l'Euphrate, descendent sur les bords de la mer et y puisent de l'eau ; puis ils la répandent dans le temple, d'où elle descend ensuite dans l'ouverture, et celle-ci, malgré sa petitesse, en reçoit une grande quantité. En agissant de la sorte, ils prétendent suivre une loi instituée dans ce temple par Deucalion, pour être un souvenir et de malheur et de bienfait. Telle est l'antique tradition qui a cours chez eux au sujet de ce temple.

XIV. D'autres croient que Sémiramis, reine de Babylone, de laquelle il y a de nombreux édifices en Asie, a fondé celui-ci et l'a consacré à Dercéto, sa mère. Or, j'ai vu en Phénicie une image de Dercéto : elle est singulière. C'est une demi-femme ; la partie inférieure, qui va des cuisses à l'extrémité des pieds, se termine en queue de poisson, tandis que celle qu'on voit à Hiérapolis est entièrement femme. Les motifs de leur croyance ne sont pas très clairs. Ils regardent les poissons comme sacrés ; jamais ils n'y touchent. Ils mangent de toute espèce d'oiseaux, excepté la colombe : elle est sacrée pour eux. Il paraît qu'ils agissent ainsi pour honorer Dercéto et Sémiramis : Dercéto, parce qu'elle a la forme d'un poisson ; Sémiramis, parce qu'elle fut, après sa mort, changée en colombe. Pour moi, je suis disposé à croire que le temple est l'œuvre de Sémiramis, mais je ne suis pas du tout convaincu qu'il soit consacré à Dercéto ; en effet, il y a chez les Égyptiens des gens qui ne mangent jamais de poissons, et ils ne le font pas à cause de Dercéto.

XV. Il y a une autre tradition sacrée, que m'a fait connaître un homme instruit. D'après lui, la déesse est Rhéa, et le temple l'ouvrage d'Attis. Attis est Lydien ; il enseigna le premier les orgies de Rhéa. Ce que pratiquent les Phrygiens, les Lydiens et les Samothraces, leur a été montré par Attis. En effet, après qu'il eut été châtré par Rhéa, il renonça à la vie des hommes, se changea en femme, prit les habits de l'autre sexe et parcourut la terre, célébrant des orgies, racontant son aventure et chantant Rhéa. Ses pérégrinations le conduisirent en Syrie. Les peuples qui habitent au-delà de l'Euphrate ne l'ayant accueilli ni lui ni ses mystères, il fonda un temple en ce pays. Une preuve de conformité entre Rhéa et notre déesse, c'est qu'elle est traînée par des lions, un tambour à la main, la tête couronnée d'une tour, comme les Lydiens représentent Rhéa. Mon sage me dit encore, au sujet des Galles qui desservent le temple, que ces Galles ne se châtrent pas en l'honneur de Junon, mais en celui de Rhéa et pour imiter Attis. Tout cela est fort spécieux, mais non pas vrai. Je sais une raison beaucoup plus probable de la castration de ces prêtres.

XVI. J'aime beaucoup ce que disent de ce temple ceux dont l'opinion concorde avec celle des Grecs, à savoir que la déesse est Junon, et l'édifice une œuvre de Bacchus, fils de Sémélé. Bacchus, en effet, vint en Syrie, dans son fameux voyage éthiopien, et l'on voit dans ce temple une foule d'objets qui indiquent que Bacchus en est le fondateur, entre autres des vêtements barbares, des pierreries des Indes et des cornes d'éléphants que Bacchus rapporta d'Éthiopie. En outre, on voit dans le vestibule deux énormes phallus avec cette inscription : « Ces phallus ont été élevés par moi, Bacchus, en l'honneur de Junon, ma belle-mère. » Cette preuve me paraît suffisante. Voici pourtant dans ce temple un autre objet consacré à Bacchus. Les Grecs lui dressent des phallus sur lesquels ils représentent de petits hommes de bois qui ont un gros membre : on les appelle névrospastes[46]. On voit, en outre, dans l'enceinte du temple, à droite, un petit homme d'airain assis, qui a un membre énorme.

XVII. Telles sont les traditions que j'ai recueillies sur les fondateurs de ce temple. Parlons maintenant du temple même et de sa fondation, comment et par qui il a été bâti. On dit que l'édifice actuel n'est pas celui qui fut originairement élevé. Celui-ci fut renversé par le temps, et l'édifice qui existe de nos jours est l'ouvrage de Stratonice, reine des Assyriens. Or, cette Stratonice me paraît être la même que celle dont son beau-fils devint amoureux, passion qui fut découverte par l'adresse de son médecin. Malade et ne sachant que faire à un mal dont il rougissait, le jeune homme gardait le silence. Il était couché sans douleur apparente ; cependant son teint était changé, son corps maigrissait à vue d'œil. Le médecin, voyant qu'aucune maladie ne se déclarait, devina que c'était de l'amour. L'amour secret a plusieurs symptômes : yeux languissants, voix altérée, pâleur et larmes. Éclairé par ces indices, voici ce qu'il fait : il met sa main droite sur le cœur du malade et appelle toutes les personnes de la maison ; elles entrent, et le jeune homme demeure parfaitement tranquille ; mais à l'arrivée de sa belle-mère il change de couleur, une sueur froide, un frisson s'empare de lui, son cœur palpite. Ces mouvements révèlent sa passion au médecin. Voici comment il le guérit.

XVIII. Il fait venir le père du jeune homme, vivement tourmenté pour son fils. « Cette maladie, dit-il, n'est point une maladie, c'est un coupable désir. Votre fils ne ressent aucune douleur, un fol amour s'est emparé de lui. Il veut avoir un objet qu'il n'obtiendra pas : il est amoureux de ma femme, et certes je ne la lui céderai jamais. » Ces paroles n'étaient qu'une ruse prudente. Le père le supplie : « Par votre sagesse, par votre art médical s'écrie-t-il, ne laissez pas mourir mon fils ! C'est malgré lui que cette passion est entrée dans son cœur. Sa maladie est involontaire ; n'allez pas, par votre jalousie, plonger un royaume entier dans le

---

[46] *Nerfs tendus.*

deuil ; médecin, ne laissez pas imputer cette mort à la médecine. » Ainsi sup-
pliait-il, ignorant la ruse. L'autre répond : « Ce que vous me demandez est injuste ; vous voulez m'enlever ma femme et me faire violence à moi, votre médecin.
Eh ! que feriez-vous donc si ce jeune homme était amoureux de votre femme,
vous qui me demandez ce sacrifice ? » Le père l'assure qu'il ne consentirait jamais
à conserver sa femme, s'il fallait perdre son fils, celui-ci aimât-il sa belle-mère. La
perte d'une épouse est-elle comparable à celle d'un fils ? A peine le médecin a-t-il
entendu ces mots : « Pourquoi donc alors tant d'instances ? dit-il. C'est de votre
femme que ce jeune homme est amoureux. Ce que je vous disais n'était qu'une
ruse. » Le roi se laisse persuader à ce discours. Il cède à son fils sa femme et son
empire, et se retire dans la Babylonie où il fonde une ville de son nom sur le bord
de l'Euphrate. Il y mourut. C'est ainsi que le médecin devina et guérit l'amour
du jeune prince[47].

XIX. Cependant Stratonice, quand elle vivait avec son premier mari, eut un
songe dans lequel Junon lui ordonnait de lui élever un temple à Hiérapolis, et la
menaçait des plus grands malheurs en cas de désobéissance. La reine n'a d'abord
aucun égard à ce songe. Mais ensuite, étant tombée gravement malade, elle le
raconte à son mari, apaise Junon et promet de lui bâtir un temple. Dès qu'elle
est revenue à la santé, le roi l'envoie à Hiérapolis, avec une forte somme d'argent
et une nombreuse armée pour les frais de l'édifice et pour la sûreté de la reine.
En même temps il fait venir un de ses amis, jeune homme de la plus grande
beauté, nommé Combabus : « Je t'aime, Combabus, lui dit-il, plus qu'aucun de
mes amis, et je te loue de ta sagesse et de l'affection que tu m'as toujours témoi-
gnée. J'ai besoin aujourd'hui de toute ta fidélité. Je te charge d'accompagner ma
femme, de mettre à fin mon entreprise, d'offrir les sacrifices et de commander
mon armée. A ton retour, je te comblerai d'honneurs. » A ces mots, Combabus
supplie le roi de ne pas lui imposer ce voyage et de ne pas lui confier des choses
trop au-dessus de son mérite : des trésors, une reine, une entreprise sacrée. Il craignait surtout la jalousie du roi au sujet de Stratonice, qu'il allait emmener seul.

XX. Le roi ne voulant pas se rendre, Combabus a recours à de nouvelles instances et le prie de lui accorder sept jours de délai, après lesquels il partira libre
d'affaires urgentes qu'il doit régler. Il l'obtient, et, rentré chez lui, il se roule par

---

[47] Cf. Plutarque, *Vie de Démétrius*, traduction d'A. Pierron, t. IV, p. 208 et suivantes ; Aristénète, livre I, lettre XIII ; Guizot, *Études sur les beaux arts*, p. 412. L'auteur y apprécie le tableau
de Gérard de Lairesse, ayant pour sujet Antiochus malade recevant de son père la main de
Stratonice. Ce tableau est actuellement au musée d'Amsterdam.

terre, déplorant ainsi son malheur : « Infortuné, dit-il, voilà donc le fruit de ma fidélité ! Fatal voyage, dont je prévois la fin ! Si jeune, accompagner une femme si belle ! Il doit m'en arriver quelque malheur terrible, si je n'écarte de moi toute cause d'infortune. Prenons donc une résolution vigoureuse qui m'affranchisse de toute crainte. » Cela dit, il se fait eunuque, dépose ce qu'il s'est retranché dans un petit vase avec de la myrrhe, du miel et quelques aromates, scelle le tout de son anneau, soigne sa blessure ; puis, quand il se voit capable d'entreprendre le voyage, il s'approche du roi, en présence de toute la cour, lui présente le vase et lui dit : « Seigneur, ce vase était de toute ma maison le trésor le plus précieux : j'y suis vivement attaché. Sur le point d'entreprendre un long voyage, je vous en confie le dépôt. Gardez-le-moi en lieu sûr, il m'est plus cher que l'or, et je l'estime à l'égal de la vie. Faites qu'à mon retour je puisse le retrouver intact. » Le roi le prend, le scelle d'un nouvel anneau et le donne à garder à ses intendants.

XXI. Combabus, de ce moment, entreprend son voyage en toute sécurité. Arrivés à Hiérapolis, ils se mettent à la construction du temple, et trois années sont employées à cet ouvrage. Pendant cet intervalle, il advient ce que Combabus redoutait. Stratonice, qui vivait sans cesse avec lui, en devient amoureuse, et sa passion dégénère peu à peu en fureur. Les habitants d'Hiérapolis prétendent que ce fut un effet de la puissance de Junon, qui voulait faire éclater la vertu de Combabus et punir Stratonice d'avoir été si difficile à lui faire construire son temple.

XXII. D'abord la reine y met de la réserve et dissimule son amour. Mais le mal ne faisant que s'accroître par le secret, elle laisse publiquement éclater sa douleur, pleurant tout le jour, appelant Combabus, Combabus qui est tout pour elle. A la fin, ne sachant plus que devenir, elle cherche l'occasion décente d'un aveu. Mais comme elle ne veut mettre personne dans sa confidence, et par pudeur découvrir elle-même son amour, elle imagine de s'enivrer pour en venir à ses fins. En effet, avec le vin pénètre l'audace ; un refus, en cet état, n'a rien qui humilie, et tout ce qu'on fait disparaît dans l'oubli ; ce plan adopté, elle l'exécute. Après le souper elle se rend à la chambre où couchait Combabus, le supplie, se jette à ses genoux et lui avoue sa passion. Celui-ci reçoit cet aveu avec dureté, refuse la chose et lui reproche son ivresse. Stratonice menace de se porter contre elle-même aux dernières extrémités. Combabus effrayé lui déclare ce qu'il en est, lui raconte son aventure et lui fait voir toute la vérité. A cet aspect inattendu, Stratonice calme un peu sa fureur ; cependant elle n'oublie pas entièrement son amour et passe tous ses instants avec Combabus, seule consolation d'une passion non satisfaite.

De pareilles amours se voient encore aujourd'hui à Hiérapolis. Des femmes deviennent amoureuses de Galles, qui, de leur côté, deviennent affolés d'elles; personne n'en est jaloux. On regarde cet amour comme sacré.

XXIII. Ce qui se passe à Hiérapolis entre Combabus et Stratonice ne tarde pas à parvenir aux oreilles du roi. De nombreux délateurs, de retour en Assyrie, déposent contre les deux amants et racontent au roi toute cette intrigue. Le monarque, plein de dépit, n'attend pas que l'œuvre soit achevée: il rappelle Combabus. D'autres prétendent, mais ce n'est pas vraisemblable, que Stratonice, voyant ses prières repoussées, écrivit elle-même à son mari pour accuser Combabus d'avoir attenté à son honneur; et ce que les Grecs racontent de Sthénobée et de Phèdre de Crète, les Assyriens le disent de Stratonice. Pour moi, je ne crois pas que Sthénobée ni Phèdre ait jamais rien fait de semblable, Phèdre surtout, si elle aimait Hippolyte. Mais laissons ces choses pour ce qu'elles sont.

XXIV. Dès que l'ordre du roi est arrivé à Hiérapolis, et que Combabus a su la cause de son rappel, il se met en route bien tranquille, sûr d'avoir chez lui de quoi se justifier. A peine arrivé, le roi le fait jeter et garder en prison. Ensuite, devant ses amis, qui se trouvaient auprès de lui quand il avait envoyé Combabus, il lui reproche son adultère et sa passion criminelle, et, dans son emportement, il l'accuse, au nom de la confiance et de l'amitié trahies, d'avoir commis trois crimes: adultère, abus de confiance, impiété envers la déesse outragée par lui, au moment même où il lui élevait un temple. Plusieurs témoins attestent avoir vu les deux amants dans les bras l'un de l'autre, et tout le monde conclut que Combabus doit être mis à mort, comme ayant commis des crimes dignes de la peine capitale.

XXV. Jusque-là il demeure impassible, ne disant mot. Mais voyant qu'on allait le conduire au supplice, il rompt le silence, et demande le dépôt qu'il a laissé, ajoutant que ce n'est pas pour injure faite au roi, ni pour adultère qu'on le met à mort, mais par envie de s'approprier le trésor qu'il a confié au prince en s'éloignant. Aussitôt le roi appelle son intendant, et lui ordonne de lui remettre ce qui a été commis à sa garde. On apporte le vase; Combabus en enlève le cachet, montre ce qu'il renferme, et, faisant voir l'état où il s'est réduit: «Roi, dit-il, je redoutais ce qui m'arrive; quand vous avez voulu me faire partir pour ce voyage, j'ai refusé d'y aller. Vos ordres m'en ayant fait une nécessité, j'ai accompli cet acte utile à mon souverain, triste pour moi-même. Et cependant on m'accuse d'un crime dont un homme, vraiment homme, peut seul être coupable.» A ces mots, le roi reste muet de stupeur; puis, l'embrassant avec des larmes: «Combabus! s'écrie-t-il, pourquoi t'es-tu donc fait cet outrage? Pourquoi, seul de tous les mortels, as-tu commis sur toi cette étrange action? Je ne puis approuver, malheureux, le châtiment que tu t'es imposé. Plût aux dieux que tu ne l'eusses pas subi, et que je ne l'eusse pas vu! Mais, puisque la divinité l'a ordonné ainsi, je te dois, pour première vengeance, la mort de tes calomniateurs, puis de riches présents, de l'or tant que tu voudras, de l'argent à pleines mains, des étoffes d'Assyrie, des chevaux réservés pour les rois. Tu entreras chez moi sans être annoncé, et personne ne t'éloignera de ma présence, quand même je serais couché avec mes femmes.» Ce que dit le roi, il le fait. Les calomniateurs sont mis à mort; Combabus est comblé de riches présents, le roi redouble d'amitié pour lui, et aucun des Assyriens ne paraît l'avoir égalé en sagesse et en bonheur.

XXVI. Quelque temps après, il demande la permission d'aller achever ce qui restait à construire du temple qu'il avait laissé imparfait. Il y est envoyé une seconde fois, l'achève, et y passe le reste de ses jours. Pour honorer sa vertu et sa générosité, le roi lui permet de se faire élever une statue d'airain dans le temple. On y élève, en effet, un Combabus d'airain, œuvre d'Hermoclès de Rhodes. La forme est celle d'une femme, et les habits d'un homme. On dit que ses plus intimes amis, voulant le consoler dans son malheur, vinrent le partager; ils se firent eunuques, et vécurent avec lui. D'autres font intervenir les dieux dans cette affaire; on dit que Combabus était aimé de Junon, qui mit dans la tête de plusieurs hommes l'idée de se châtrer, afin qu'il n'eût pas le chagrin d'être seul privé de sa virilité.

XXVII. Une fois cette coutume introduite, elle s'est perpétuée, et tous les ans un assez grand nombre de jeunes gens se réduisent à l'état de femmes, soit pour consoler Combabus, soit pour faire plaisir à Junon. Dès qu'ils sont eunuques, ils ne portent plus d'habits d'hommes, mais des vêtements de femmes, et s'appliquent aux ouvrages de ce sexe. On attribue à Combabus la cause de ce changement d'habits, et voici à quel propos. Une femme étrangère, qui était venue pour assister à une fête solennelle, le voyant en habits d'hommes et si beau, en devint éperdument éprise; puis, quand elle sut qu'il était eunuque, elle se donna la mort. Combabus, désolé d'être si malheureux en amour, s'habilla en femme, pour éviter qu'une autre ne tombât dans la même erreur. Voilà pourquoi les Galles sont habillés en femmes. Mais en voilà assez sur Combabus. Je parlerai plus loin des Galles, de leur castration, c'est-à-dire de la manière dont ils se châtrent, de leur mode de sépulture, et pourquoi ils n'entrent jamais dans le temple. Mais auparavant j'ai l'intention de parler de la position et de la grandeur de ce temple, et voici ce que j'en dis.

XXVIII. L'emplacement même où on l'a bâti est une colline; il est situé tout à fait au milieu de la ville, et environné de deux murailles. L'une de ces deux murailles est ancienne, l'autre n'est pas de beaucoup antérieure à notre époque. Les propylées sont du côté du vent Borée, sur une étendue d'environ cent brasses[48]. Sous ces propylées, sont placés des phallus érigés par Bacchus à une hauteur de trente brasses[49]. Sur l'un de ces phallus, un homme monte deux fois par an, et demeure au haut du phallus pendant sept jours. La raison de cette ascension, la voici: le peuple est persuadé que cet homme, de cet endroit élevé, converse avec les dieux, leur demande la prospérité de toute la Syrie, et que ceux-ci entendent de plus près sa prière. D'autres pensent que cela se pratique en l'honneur de Deucalion, et comme souvenir de ce triste événement, lorsque les hommes fuyaient sur les montagnes et montaient au haut des arbres par crainte de l'inondation. Mais cela me paraît peu croyable; il me semble qu'ils agissent ainsi en l'honneur de Bacchus. Voici sur quoi se fonde cette conjecture: tous ceux qui dressent des phallus à Bacchus placent sur ces phallus mêmes des hommes de bois. Pourquoi? Je n'en sais rien. Aussi me semble-t-il que c'est pour imiter l'homme qui monte.

XXIX. Or, voici comment il s'y prend. Il passe une grosse chaîne autour du phallus et de son corps; puis il monte au moyen de morceaux de bois qui font saillie sur le phallus, et assez larges pour qu'il y pose le pied. A mesure qu'il s'élève, il soulève la chaîne avec lui, comme les conducteurs de chars soulèvent les rênes. Si l'on n'a jamais vu cela, c'est qu'on n'a pas vu monter à des palmiers, soit en Arabie, soit en Égypte, ou ailleurs; on comprend alors ce que je veux dire. Parvenu au terme de sa route, notre homme lâche une autre chaîne qu'il porte sur lui, et, par le moyen de cette chaîne qui est fort longue, il tire à lui tout ce dont il a besoin: bois, vêtements, ustensiles; il s'arrange avec tout cela une demeure, une espèce de nid, s'y assied, et y séjourne le temps dont j'ai parlé. La foule qui arrive lui apporte, les uns de l'or, les autres de l'argent, d'autres du cuivre; on dépose ces offrandes devant lui, et l'on se retire en disant chacun son nom. Un autre prêtre est là debout, qui lui répète les noms, et, lorsqu'il les a entendus, il

---

[48] Mesure qu'on prend avec les deux bras étendus, c'est-à-dire d'un bout à l'autre, et qui passe à peu près pour celle de cinq pieds anciens ou 1,62 m (NDE).
[49] Trente huit mètres! (NDE).

fait une prière pour chacun. En priant, il frappe sur un instrument d'airain, qui rend un son bruyant et criard. L'homme ne dort point. S'il se laissait aller au sommeil, on dit qu'un scorpion monterait jusqu'à lui, et le réveillerait par une piqûre douloureuse. Telle est la punition attachée à son sommeil. Ce qu'on dit là du scorpion est saint et divin ; mais est-ce bien vrai ? Je ne saurais l'affirmer. Il me semble qu'il y a de quoi tenir un homme éveillé, quand on craint de tomber de si haut. En voilà assez sur les gens qui grimpent aux phallus.

XXX. Le temple regarde le soleil levant. Pour la forme et la structure, il ressemble aux temples construits en Ionie. Une base haute de deux brasses s'élève de terre ; c'est sur cette base que le temple est assis. On y monte par un escalier de pierre de peu de largeur. En entrant, on est saisi d'admiration à la vue même du parvis : les portes en sont d'or ; à l'intérieur, l'or brille de toutes parts, il éclate sur toute la voûte. On y sent une odeur suave, pareille à celle dont on dit que l'Arabie est parfumée ; du plus loin qu'on arrive, on respire cette senteur délicieuse, et quand on en sort, elle ne vous quitte pas, elle pénètre profondément les habits, et vous en gardez toujours le souvenir.

XXXI. Au dedans, le temple n'est pas simple ; mais on y a disposé une autre enceinte : on y monte par quelques marches ; elle n'a point de porte, mais elle est ouverte à tout venant. Chacun peut entrer dans le grand temple ; mais les prêtres seuls sont admis dans le sanctuaire, et encore pas tous les prêtres : l'entrée n'en est permise qu'à ceux qui sont présumés plus voisins des dieux, et qui sont chargés du service intérieur du temple. Dans cette enceinte sont placées les statues de Junon et de Jupiter, auquel ils donnent un autre nom. Ces deux statues sont d'or, et assises, Junon sur des lions, Jupiter sur des taureaux. La statue de Jupiter représente parfaitement ce dieu : c'est sa tête, son costume, son trône ; on le voudrait, qu'on ne pourrait le prendre pour un autre.

XXXII. Junon offre aux regards une plus grande variété de formes : dans l'ensemble, c'est bien Junon ; mais il y a chez elle des traits de Minerve, de Vénus, de la Lune, de Rhéa, de Diane, de Némésis et des Parques. D'une main, elle tient un sceptre, de l'autre une quenouille. Sa tête, couronnée de rayons, porte une tour et est ceinte du diadème dont on ne décore ordinairement que le front d'Uranie. Ses vêtements sont couverts d'or, de pierres infiniment précieuses, les unes blanches, les autres couleur d'eau, un grand nombre couleur de feu : ce sont des sardoines-onyx, des hyacinthes, des émeraudes, que lui apportent les Égyptiens, les Indiens, les Éthiopiens, les Mèdes, les Arméniens et les Babyloniens.

Mais l'objet qui mérite le plus d'attention est celui que je vais dire. Cette statue porte sur sa tête un diamant qu'on appelle la lampe. Ce nom lui vient de son effet. Il jette durant la nuit une lueur si vive, que le temple en est éclairé comme par des flambeaux; dans le jour, cette clarté est beaucoup plus faible; la pierre conserve pourtant une partie de ses feux. Il y a encore dans cette statue une autre merveille. Si vous la regardez en face, elle vous regarde; si vous vous éloignez, son regard vous suit. Si une autre personne fait la même expérience d'un autre côté, la statue en fait autant pour elle.

XXXIII. Entre ces deux statues, on en voit une troisième également d'or; mais elle n'a rien de semblable aux deux autres. Sa forme ne lui est point particulière: elle tient de celle des autres dieux. Les Assyriens l'appellent le Séméion, sans autre désignation particulière. Ils ne disent ni son origine, ni ce qu'elle représente. Les uns croient que c'est Bacchus, les autres Deucalion, d'autres Sémiramis. Sur sa tête, en effet, elle porte une colombe d'or, emblème qui la fait prendre pour la statue de Sémiramis. On la fait descendre deux fois par an jusqu'à la mer, pour aller chercher l'eau, comme je l'ai raconté.

XXXIV. Quand on entre dans le temple, à gauche, on trouve un trône réservé au Soleil, mais la figure de ce dieu n'y est pas. Le Soleil et la Lune sont les seules divinités dont ils ne montrent pas les images. Pourquoi agissent-ils de la sorte? Voici ce que j'en ai su. Ils disent qu'il est permis de représenter les autres dieux, parce qu'ils ne se manifestent pas à la vue des hommes, tandis que le Soleil et la Lune brillent à tous les yeux, et que tout le monde peut les voir. Pourquoi alors faire les statues de divinités qui se montrent dans le ciel?

XXXV. Vient ensuite un trône où l'on voit la statue d'Apollon, mais non pas tel qu'il est ordinairement représenté. Tous les autres peuples regardent Apollon comme un jeune homme et le représentent à la fleur de l'âge. Seuls les Syriens représentent dans leurs statues Apollon barbu; ils s'applaudissent beaucoup de cet usage, et blâment les Grecs ainsi que les autres nations qui croient se rendre Apollon propice sous les traits d'un enfant. Or, voici leur raison: c'est, selon eux, une extrême ignorance que de donner aux dieux des formes imparfaites, et, dans leur opinion, la jeunesse est un âge imparfait. Il est encore une autre singularité dans leur Apollon: il est vêtu; ce sont les seuls qui le représentent ainsi.

XXXVI. Je pourrais encore en dire bien long sur ces différentes œuvres, mais j'insiste sur ce qui me paraît le plus merveilleux, et je vais parler immédiatement des oracles. Il y a un grand nombre d'oracles en Grèce, en Égypte, en Libye ; il y en a aussi beaucoup en Asie ; mais les divinités de ces pays ne parlent que par la bouche de leurs prêtres et de leurs prophètes. L'Apollon syrien se meut tout seul, et rend lui-même ses oracles Voici comment. Quand il veut parler, il commence par s'agiter sur son trône. Aussitôt les prêtres l'enlèvent. S'ils ne l'enlèvent pas, il sue et s'agite de plus en plus. Lorsqu'ils le transportent sur leurs épaules, il les fait tourner sur eux-mêmes et passer d'un endroit à un autre. Enfin le grand prêtre se présente à lui et lui adresse toutes sortes de questions. Si le dieu désapprouve, il recule ; s'il approuve, il fait marcher les porteurs en avant et les conduit comme avec des rênes. C'est ainsi que l'on recueille ses oracles, sans lesquels on n'entreprend rien de sacré ni de particulier. Il fait des prédictions relatives à l'année et à toutes les saisons ; il en indique le temps et l'état ; il annonce à quelle époque le Séméion doit faire le voyage dont j'ai parlé.

XXXVII. Je vais rapporter un autre prodige qu'il a fait en ma présence : les prêtres, l'ayant pris sur leurs épaules, le portaient comme d'habitude, il les laissa là et s'éleva tout seul en l'air.

XXXVIII. A la suite de la statue d'Apollon, viennent celles d'Atlas, de Mercure et d'Ilithye.

XXXIX. Telles sont les statues rangées dans l'intérieur du temple. Au dehors s'élève un grand autel d'airain, autour duquel sont des milliers de statues d'airain, représentant des dieux et des héros. Je vais parler des plus importantes. Sur la gauche du temple est la statue de Sémiramis, montrant l'édifice de la main droite. Voici pourquoi on a dressé cette statue. Sémiramis avait prescrit par une loi, à tous les peuples qui habitent la Syrie, de la révérer comme une déesse, et de ne plus tenir compte des autres divinités, pas même de Junon. Les Syriens obéissent ; bientôt le ciel fait fondre sur eux des maladies, des malheurs, des souffrances ; Sémiramis revient de sa folie, s'avoue mortelle, et ordonne à ses sujets de retourner à Junon. Voilà pourquoi elle est représentée dans cette attitude : elle indique qu'il faut adresser ses hommages à Junon qui est déesse, et non pas à elle.

XL. J'ai vu encore dans cette enceinte les statues d'Hélène, d'Hécube, d'Andromaque, de Paris, d'Hector et d'Achille. J'ai vu aussi la statue de Nirée, fils d'Aglaé ; Philomèle, Procné, encore femmes ; Térée, déjà changé en oiseau ; une autre statue de Sémiramis ; celle de Combabus, dont j'ai parlé ; une de Stratonice, parfaitement belle, et une d'Alexandre, fort ressemblante. A côté il y en a une de Sardanapale, mais sous une autre forme et d'autres vêtements.

XLI. Dans la cour paissent en liberté de grands bœufs, des chevaux, des aigles, des ours et des lions. Ils ne font de mal à personne; ils sont tous consacrés et privés.

XLII. Les prêtres sont fort nombreux; les uns égorgent les victimes, d'autres portent les libations, d'autres sont appelés pyrophores[50] et quelques-uns assistants. En ma présence, il y en avait plus de trois cents qui venaient aux sacrifices. Leurs vêtements sont blancs, et ils ont un feutre sur la tête. Chaque année, on nomme un souverain pontife; il est le seul qui soit vêtu de pourpre, avec une tiare d'or.

XLIII. Il y a ensuite une foule de personnes attachées au culte : des joueurs de flûte et de chalumeau, des Galles, des femmes furieuses et fanatiques.

XLIV. Le sacrifice se célèbre deux fois par jour; tout le monde y assiste. On sacrifie à Jupiter en silence, sans chants ni flûtes; mais quand on immole à Junon, on chante, on joue de la flûte, on frappe des crotales. On n'a pas pu me dire au juste pourquoi.

XLV. A peu de distance du temple, il y a un lac dans lequel on nourrit une grande quantité de poissons sacrés de toute espèce. Quelques-uns sont devenus énormes. Ils ont des noms, et ils viennent quand on les appelle. J'en ai vu un entre autres qui avait un ornement d'or; c'était un bijou attaché à sa nageoire; je l'ai vu souvent avec son bijou.

XLVI. La profondeur de ce lac est très considérable; je ne l'ai pas sondée, mais on m'a dit qu'elle était au moins de deux cents brasses. Au milieu s'élève un autel de marbre. On dirait, au premier coup d'œil, qu'il flotte, porté sur l'eau, et la foule le croit ainsi; mais je crois, pour ma part, que l'autel est soutenu sur une haute colonne. En tout temps, il est couronné de guirlandes, et l'encens y fume sans cesse. Beaucoup de gens, couronnés de fleurs, s'y rendent chaque jour à la nage, afin d'y faire leur prière.

---

[50] Porte-feux.

XLVII. On célèbre encore dans ce temple de grandes solennités. On les appelle descentes au lac, parce qu'en ces fêtes toutes les statues des dieux descendent sur les bords du lac. Junon y arrive la première pour sauver les poissons, et de peur que Jupiter ne les voie le premier ; car si cela arrivait, ils mourraient tous. Jupiter cependant vient pour les voir, mais Junon se place devant lui, l'empêche de les regarder, et, à force d'instances et de supplications, elle le congédie.

XLVIII. Les plus grandes de ces solennités sont celles que l'on célèbre sur les bords de la mer. Je n'en puis rien dire de certain, attendu que je n'y suis pas allé moi-même et que je n'ai jamais essayé ce voyage ; mais j'ai vu ce qui se fait au retour, et je vais le rapporter. Chaque personne porte un vase rempli d'eau, scellé avec de la cire. On ne rompt pas soi-même le cachet pour répandre l'eau, mais il y a un coq sacré[51] qui demeure près du lac : il reçoit les vases, examine le cachet, reçoit un salaire, en lève le lien et gratte la cire ; cet office vaut une grande quantité de mines à ce coq. Ensuite on va porter le vase dans le temple où l'on fait la libation. La fête se termine par un sacrifice, après lequel chacun se retire.

XLIX. Mais de toutes les fêtes que j'ai vues, la plus solennelle est celle qu'ils célèbrent au commencement du printemps. Les uns l'appellent le bûcher, et les autres la lampe. Voici ce qui s'y pratique. On coupe de grands arbres ; on les dresse dans la cour du temple ; on amène des chèvres, des brebis, et d'autres animaux vivants que l'on suspend aux arbres. L'intérieur du bûcher est rempli d'oiseaux, de vêtements, d'objets d'or et d'argent. Une nombreuse multitude accourt à cette fête, de la Syrie et de toutes les contrées d'alentour ; chaque peuple y apporte ses dieux et les statues qu'ils ont faites à leur ressemblance.

L. A des jours marqués, la foule se réunit dans le temple. Un grand nombre de Galles, et les hommes consacrés dont il a été question, commencent les cérémonies, se tailladant les bras et se frappant le dos les uns aux autres. Pendant ce temps, de nombreux musiciens, auprès d'eux, jouent de la flûte, battent du tambour, chantent des vers inspirés et des cantiques sacrés. Ces cérémonies se passent hors du temple : ceux qui les pratiquent n'y entrent point.

LI. C'est en ces jours mêmes que se font les Galles. Pendant que le reste joue

---

[51] Passage controversé. Paulmier de Grentemesnil et Belin de Ballu prétendent qu'il faut substituer *Gallos* à *Alektruon*, qui est l'erreur d'un copiste ignorant. Nous avons suivi la leçon adoptée par Wieland. Cet éminent critique voit dans cet oiseau si bien dressé un instrument de la fourberie des prêtres de Junon.

de la flûte et célèbre les orgies, quelques-uns entrent en fureur, et bon nombre, qui n'étaient venus que pour voir, se laissent aller à ce que je vais dire. Le jeune homme décidé à faire ce sacrifice jette à bas ses vêtements, s'avance au milieu de l'assemblée en jetant de grands cris, saisit un coutelas réservé, je crois, pour cet usage depuis longues années, se châtre lui-même, et court par toute la ville tenant en main ce qu'il a coupé. La maison, quelle qu'elle soit, où il jette ce qu'il tenait, lui fournit des habits et des ornements de femme. Voilà ce qui a lieu pour la castration.

LII. Quand les Galles viennent à mourir, leurs funérailles ne se font pas comme celles des autres hommes. Un Galle une fois mort, ses collègues l'enlèvent et le portent dans un des faubourgs : là ils le déposent avec la bière dans laquelle il a été apporté, le couvrent de pierres et s'en vont. Ce n'est qu'au bout de sept jours qu'ils rentrent dans le temple. S'ils y rentrent plus tôt, ils commettent un sacrilège.

LIII. Voici les règles qu'ils observent à cet égard. Celui qui a vu un mort ne vient pas au temple ce jour-là ; le lendemain, il n'y revient qu'après s'être purifié. Quant aux parents du défunt, ils ne peuvent approcher des mystères qu'après s'en être abstenus pendant trente jours et s'être fait raser la tête. Avant cela, il ne leur est pas permis d'entrer.

LIV. Les victimes qu'ils immolent sont des taureaux, des génisses, des chèvres et des brebis. Le porc est le seul animal qu'ils regardent comme impur : ils n'en sacrifient et n'en mangent jamais. Les autres animaux, loin d'être impurs, sont regardés comme sacrés. De tous les oiseaux, la colombe est celui qui leur paraît la chose la plus sainte : défense est faite d'y toucher, et ceux qui les touchent involontairement sont impurs durant toute cette journée. Aussi cet oiseau demeuret-il avec les hommes, entre dans les maisons et mange presque toujours à terre.

LV. Je vais dire maintenant ce que font ceux qui se rendent à ces cérémonies. Quand un homme veut aller à Hiérapolis, il se rase la tête et les sourcils, ensuite il sacrifie une brebis, en coupe la chair et la mange. Après quoi il étend la peau à terre, se met à genoux dessus et relève sur sa tête la tête et les pieds de l'animal ; en même temps, il fait une prière, dans laquelle il demande aux dieux de recevoir favorablement son sacrifice et leur en promet un plus magnifique par la suite. Cette cérémonie achevée, il pose une couronne sur sa tête et sur celle de tous ceux qui doivent l'accompagner dans son voyage, puis il sort de sa maison, pour se mettre en chemin. Tout le temps qu'il est en route, il n'use que d'eau froide, soit pour sa boisson, soit pour ses bains. Et il couche toutes les nuits sur la terre, attendu qu'il ne lui est pas permis de monter sur un lit avant d'avoir achevé son pèlerinage et d'être de retour dans ses foyers.

LVI. Arrivé à Hiérapolis, il loge chez un hôte qui ne le connaît pas ; il y a là, en effet, des hôtes publics institués pour chaque ville, et qui reçoivent chacun suivant son pays. Les Assyriens les appellent instructeurs, parce qu'ils donnent toutes les instructions nécessaires.

LVII. Les arrivants ne sacrifient pas dans l'enceinte sacrée ; mais lorsqu'ils ont présenté la victime à l'autel et répandu les libations, ils la ramènent vivante à leur demeure, l'immolent en particulier et font les prières voulues.

LVIII. Il y a une autre manière de sacrifier ; la voici. On couronne les victimes vivantes, puis on les précipite du haut des propylées et elles meurent de leur chute. Il y en a qui précipitent ainsi leurs propres enfants, non pas absolument comme les animaux, mais enfermés dans un sac. On les conduit au temple par la main, et on invective contre eux pendant la route, en leur disant qu'ils ne sont pas des enfants, mais des bœufs.

LIX. Tous s'amusent à se faire des piqûres, soit aux mains, soit au cou, et voilà pourquoi tous les Assyriens portent des stigmates.

LX. Ils ont encore une autre coutume, qui ne leur est commune qu'avec un autre peuple de la Grèce, les habitants de Trézène. Je vais dire ce qui a lieu chez ces derniers. Les habitants de Trézène ont fait une loi qui défend aux jeunes filles et aux jeunes gens de contracter mariage, avant d'avoir coupé leur chevelure en l'honneur d'Hippolyte. La même loi existe aussi à Hiérapolis. Les jeunes gens y consacrent aussi les prémices de leur barbe. On laisse croître les cheveux des enfants depuis leur naissance, pour les consacrer aux dieux ; arrivés dans le temple, on les leur coupe, on les dépose dans des vases d'argent, et quelquefois d'or, qu'on attache avec des clous ; on inscrit le nom de chaque enfant sur le vase et l'on s'en va. Il y a encore dans le temple mes cheveux et mon nom.

DIALOGUE DES COURTISANES[52]

I. GLYCÈRE ET THAÏS.

GLYCÈRE

Ce soldat, Thaïs, cet Acarnien, qui entretenait autrefois Abrotonum, et qui fut ensuite mon amant, cet homme toujours habillé de pourpre et vêtu d'une chlamyde, le connais-tu, ou bien l'as-tu oublié?

THAÏS

Non, ma petite Glycère. Je le connais bien; il faisait ripaille avec nous, l'année dernière, le jour de la fête des Granges[53]. Mais quoi? Tu voulais, ce me semble, en dire quelque chose.

GLYCÈRE

Gorgone, cette coquine, que je croyais mon amie, l'a enjôlé et me l'a soufflé.

THAÏS

Ainsi, il n'est plus avec toi; il a pris Gorgone pour maîtresse.

GLYCÈRE

Hélas! oui, Thaïs, et cela me fait beaucoup de peine.

THAÏS

C'est un vilain trait, Glycère; mais tu devais t'y attendre. Nous avons l'habi-

---

[52] Cf. *Lettres* d'Alciphron; Barhélemy, *Voyage d'Anacharsis*, chap. XX; de Pauw., *Recherches philosophiques sur les Grecs*, partie II, § 2; *Fêtes et courtisanes de la Grèce, ou Supplément aux voyages d'Anacharsis et d'Anthénor*, sans nom d'auteur; Philarète Chasles, les *Hétaïres grecques*, p. 290 des *Études sur l'antiquité*; Ch. Dezoby, *Rome au siècle d'Auguste*, lettre IV, à la fin, et lettre LXV; E. Deschanel, Courtisanes grecques, *Revue des Deux Mondes* du 15 juillet 1847; Balzac, *Splendeur et misère des courtisanes*.

[53] La fête nommée Αλωα, chez les Athéniens se célébrait en l'honneur de Cérès, après la moisson et après la vendange.

tude de nous jouer de pareils tours, nous les courtisanes. Il ne faut donc pas t'en affliger, ni en vouloir à Gorgone. Abrotonum ne t'en a pas voulu, quand il l'a quittée jadis, et vous étiez amies.

Mais ce qui m'étonne c'est ce qu'il trouve de beau à Gorgone, ce soldat-là, à moins d'être aveugle et de ne pas voir qu'elle n'a presque plus de cheveux, et que ce qu'il en reste est fort éloigné du front. Ses lèvres sont pâles, livides comme celles d'un mort, son cou maigre, ses veines grosses, son nez long. Une seule chose, c'est qu'elle est grande et bien faite, et elle a un sourire tout à fait engageant.

GLYCÈRE

Tu crois donc, Thaïs, que l'Acarnien l'aime pour sa beauté? Tu ne sais pas qu'elle est fille de la magicienne Chrysarium? C'est une femme versée dans les charmes thessaliens; elle fait descendre la lune sur la terre; elle aura tout affolé cet homme, en lui faisant boire quelque philtre, et maintenant elle le gruge.

THAÏS

Eh bien, toi, Glycérette, tu en grugeras quelque autre. Dis bonjour à celui-là.

II. Myrtium, Pamphile et Doris

Tu te maries, Pamphile, à la fille de Philon, le pilote; l'on dit même que tu l'as épousée. Tant de serments que tu m'as faits, tant de larmes versées, se sont donc évanouis en un instant! Tu oublies maintenant ta Myrtium; et cela, Pamphile, lorsque j'en suis à mon huitième mois de grossesse. Voilà donc le fruit de tant d'amour: je suis enceinte de tes œuvres et bientôt il me faudra nourrir un enfant, jolie charge pour une courtisane! Car je ne crois pas que j'expose, celui dont j'accoucherai, surtout si c'est un garçon; je l'appellerai Pamphile; il sera la consolation de ma tendresse, et, quelque jour, il te reprochera, s'il te rencontre, d'avoir été infidèle à sa malheureuse mère. La fille que tu épouses n'est pourtant pas si belle; je l'ai vue dernièrement aux Thesmophories, et je ne savais pas qu'elle serait bientôt cause que je ne verrais plus Pamphile. Regarde-la donc bien auparavant, et prends garde de te repentir plus tard d'avoir pris une femme dont les yeux gris louchent et se regardent l'un l'autre; ou plutôt tu as vu, Philon, le père de la mariée; tu connais sa face; cela te dispense de voir sa fille.

PAMPHILE

Ces sornettes-là, Myrtium, vais-je les entendre longtemps? En as-tu fini avec tes filles de pilote et tes mariages navals? Est-ce que je sais si la mariée est belle ou camuse; si Philon d'Alopèce[54], car c'est de lui, je pense, que tu veux parler, a une fille nubile? Ce qu'il y a de sûr, c'est qu'il est brouillé avec mon père. Je me rappelle qu'ils ont eu dernièrement un procès pour une affaire maritime. Philon devait, je crois, un talent à mon père, et il ne voulait pas payer. Mais celui-ci le cita devant les juges nautiques; et il eut grand-peine à se faire rembourser; encore ne paya-t-il pas la somme complète au dire de mon père. Si j'étais si pressé de me marier, aurais-je refusé la fille de Déméas, ma cousine du côté de ma mère, et dont le père était stratège l'an dernier, pour aller épouser la fille de Philon? Mais qui est-ce qui t'a dit cela? Où as-tu été inventer, Myrtium, ces beaux fantômes de jalousie?

MYRTIUM

Te maries-tu, oui ou non, Pamphile?

---

[54] Bourgade de l'Attique, de la tribu Antiochide.

PAMPHILE

Tu es folle, Myrtium, ou tu as bu. Cependant hier nous n'avons pas fait ripaille.

MYRTIUM

C'est Doris qui m'a mis martel en tête. Je l'avais envoyée m'acheter quelques étoffes de laine pour mes couches et faire un vœu pour moi à Lucine, lorsqu'elle m'a dit avoir rencontré Lesbie... Mais raconte plutôt toi-même, Doris, ce que tu as appris, à moins que tout cela ne soit de ton invention.

DORIS

Que je meure, maîtresse, si j'ai menti d'un mot! J'étais près du Prytanée, quand j'ai rencontré Lesbie qui m'a dit en riant : «Eh bien, votre amant Pamphile épouse la fille de Philon!» Si j'en doutais, elle m'engagea à me pencher du côté de votre ruelle, pour voir tout couronné de guirlandes, les joueuses de flûte, le mouvement de la fête, les chœurs chantant l'hymen.

PAMPHILE

Alors tu t'es penchée, Doris?

DORIS

Oui, ma foi ; et j'ai vu tout ce qu'elle me disait.

PAMPHILE

Ah! je comprends l'erreur. Lesbie ne t'a pas absolument trompée, Doris, et ce que tu as rapporté à Myrtium est vrai ; mais c'est mal à propos que vous avez pris l'alarme. La noce n'est pas pour moi. Je me souviens que ma mère m'a dit hier, quand je vous eus quittées : «Tu connais, Pamphile, Charmide, le fils d'Aristénète, notre voisin ; il est de ton âge ; eh bien, il se marie ; c'est un homme rangé : et toi, jusques à quand vivras-tu avec ta maîtresse?» Je fis semblant de ne pas l'entendre, et j'allai me coucher. Ce matin, au point du jour, je suis accouru ici, et voilà pourquoi je n'ai rien vu de ce qu'a vu Doris. Si tu en doutes, retournes-y, Doris ; regarde avec attention non la ruelle, mais la porte, et vois celle qui est ornée de guirlandes : tu reconnaîtras que c'est la porte de nos voisins.

MYRTIUM

Tu me rends la vie, Pamphile : je me serais pendue, si cela était arrivé.

PAMPHILE

Mais c'est impossible. Je ne suis pas assez fou pour oublier Myrtium, surtout quand je l'ai rendue mère.

III. Philinna et sa Mère

LA MÈRE

Tu étais folle, Philinna ; ou qu'est-ce que tu avais donc hier pendant le souper ? Diphile est arrivé ce matin tout en larmes, et il m'a raconté ce qu'il avait eu à souffrir de toi. Tu t'es enivrée, tu t'es levée au milieu du festin pour danser, malgré sa défense, et tu as été ensuite donner un baiser à son ami Lamprias ; puis, comme Diphile paraissait mécontent, tu l'as laissé là, tu es allée t'asseoir auprès de Lamprias et tu lui as passé les bras autour du cou, au grand dépit de Diphile. Cette nuit même, tu n'as pas voulu coucher avec lui : tu l'as laissé pleurer, et tu es allée dormir seule sur un lit, voisin du sien, en chantant pour lui faire de la peine.

PHILIPINNA

Il ne vous a pas dit, ma mère, tout ce qu'il m'a fait, lui ; autrement vous ne prendriez pas le parti de cet insolent. Il m'a abandonnée pour aller causer avec Thaïs, la maîtresse de Lamprias, avant que celui-ci fût arrivé. Il voit que cela me fait de la peine, et je lui fais signe de cesser ; alors il prend Thaïs par le bout de l'oreille, lui fait pencher la tête, et lui donne un baiser si serré, quelle y laisse presque ses lèvres. Je pleure, il se met à rire, à parler longuement à l'oreille de Thaïs, contre moi sans doute, car Thaïs me regardait en riant. Enfin, lorsqu'ils voient Lamprias entrer ils s'arrêtent, fatigués de leurs baisers réciproques ; et moi je vais m'asseoir à côté de Lamprias, sans me figurer que Diphile en prendrait prétexte de querelle. Thaïs se lève et se met à danser la première, ayant grand soin de faire voir ses jambes le plus haut possible, comme si elle était la seule qui eût la jambe bien faite. Quand elle a fini, Lamprias garde le silence ; mais Diphile exalte sa souplesse, son talent chorégraphique. Comme son pied est juste en mesure avec la cithare ! Quelle jolie jambe ! Et mille autres louanges. On eût dit qu'il parlait de la Sosandra de Calamis[55], et non pas de la Thaïs que vous connaissez bien pour l'avoir vue au bain avec nous. Alors cette Thaïs que vous connaissez ; voulant se moquer de moi : « Si certaine personne, dit-elle, ne craignait pas de nous montrer une jambe sèche, elle se lèverait et danserait. » Que vous dirai-je, ma mère ? Je me lève et je danse. Que fallait-il donc faire ? Souffrir et accréditer cette raillerie ? Laisser Thaïs régner en souveraine dans le festin ?

---

[55] Voy. *les Portraits*, 4, 6.

LA MÈRE

Tu es trop glorieuse, ma fille. Il fallait t'en moquer. Dis-moi comment les choses se sont ensuite passées.

PHILIPINNA

Tous les convives m'ont comblée d'éloges : Diphile seul, couché sur le dos, a regardé au plancher jusqu'à ce que je me fusse arrêtée de fatigue.

LA MÈRE

Mais est-il vrai que tu aies donné des baisers à Lamprias, que tu aies quitté ta place pour aller l'embrasser ? Pourquoi ce silence ! Voilà qui est impardonnable.

PHILIPINNA

Je voulais lui rendre la peine qu'il m'avait faite.

LA MÈRE

Et pour cela tu n'as pas voulu coucher avec lui, tu t'es mise à chanter pendant qu'il pleurait ! Tu ne songes donc pas, ma fille, que nous sommes pauvres ? Tu oublies les présents qu'il nous a faits, et comment nous aurions passé l'hiver dernier, si Vénus ne nous eût envoyé ce garçon !

PHILIPINNA

Eh quoi ! faut-il pour cela que je supporte ses outrages ?

LA MÈRE

De la colère, si tu veux, mais pas de mépris. Tu ne sais donc pas que les amants se rebutent par le mépris et s'en veulent à eux-mêmes ! Tu as toujours été trop dure envers celui-ci. Prends garde, comme dit le proverbe, qu'en voulant trop la tendre, nous ne cassions la corde.

IV. Mélitta et Bacchis[56]

MÉLITTA

Si tu connais, Bacchis, quelque vieille, comme on dit qu'il y en a bon nombre en Thessalie, qui sache rendre les gens aimables par quelque enchantement et faire aduler la femme la plus haïe ; prends-la, que le ciel te le rende ! et amène-la ici. Ces habillements complets, tout cet or, je suis prête à le lui donner, si je vois Charinus revenir à moi et détester Simmiché comme il me déteste.

BACCHIS

Que dis-tu ? Charinus vit maintenant avec Simmiché ? Il t'a quittée, Mélitta, toi pour qui il a eu tant de démêlés avec sa famille, et refusé d'épouser cette riche héritière, qui dit-on, lui apportait une dot de cinq talents ? Je me rappelle t'avoir entendue dira cela.

MÉLITTA

C'en est fait, Bacchis, tout est perdu pour moi. Il y a cinq jours entiers que je ne l'ai vu : il va chez un de ses amis, Pamménès, faire bombance avec Simmiché.

BACCHIS

C'est triste pour toi, ma pauvre Mélitta. Mais pourquoi vous êtes-vous brouillés ? Il a fallu quelque chose de grave.

MÉLITTA

Je ne sais pas du tout pourquoi. Hier, quand il est revenu du Pirée, où son père l'avait envoyé, je crois, recouvrer une dette, il n'a pas voulu me regarder au moment où j'accourais au-devant de lui ; et, repoussant mon embrassade : « Laisse-moi, m'a-t-il dit ; va trouver le patron Hermontinus, ou plutôt va lire ce qui est écrit sur les murs du Céramique, où ton nom et le sien sont gravés sur une colonne. — Quel Hermotimus ? lui dis-je, quelle colonne ? » Mais lui sans me répondre, sans vouloir dîner, se couche en me tournant le dos. De quoi ne me suis-je pas ingéniée ? Je l'ai embrassé ; j'ai essayé de le ramener de mon côté ;

---

56 Cf. Théocrite, *Idylle* II ; Virgile, *Eglogue* VIII ; Horace, *Epode* V.

je lui ai baisé le dos! Insensible à toutes mes caresses: «Si tu m'importunes plus longtemps; me dit-il, je m'en vais, quoiqu'il soit minuit.»

BACCHIS

Mais connais-tu cet Hermotimus?

MÉLITTA

Puisses-tu, Bacchis, me voir plus malheureuse encore que je ne suis, si je connais ce patron! Cependant, dès la pointe du jour, au chant du coq, Charinus s'éveille et s'en va. Je me rappelle qu'il m'a dit avoir vu mon nom inscrit sur un mur du Céramique[57]. J'y envoie Acis. Elle ne trouve que ces mots gravés à droite en entrant près du Dipyle: «Mélitta aime Hermotimus;» et un peu plus bas: «Le patron Hermotimus aime Mélitta.»

BACCHIS

Quels mauvais sujets que ces jeunes gens! Je comprends. Quelqu'un pour faire pièce à Charinus, le sachant jaloux, aura mis cette inscription. Il a cru la chose tout de suite. Si je le vois, je lui en parlerai. Il n'a pas d'expérience: c'est un enfant.

MÉLITTA

Mais comment pourras-tu le voir? Il s'enferme toute la journée avec Simmiché. Ses parents l'ont fait en vain chercher ici... Ah! Bacchis, si je pouvais trouver quelque vieille telle que je te la disais, sa présence me sauverait la vie.

BACCHIS

Il y a, ma très chère, une excellente magicienne, Syrienne de naissance; robuste et vigoureuse, qui m'a jadis raccommodée avec Phanias, lequel, ainsi que ton Charinus, s'était brouillé avec moi pour une vétille. Après quatre mois en-

---

[57] C'était un usage des Athéniens, quand ils voulaient faire une déclaration d'amour à quelqu'un, d'écrire le nom de cette personne sur la muraille d'un lieu public, où l'on savait que cette personne allait souvent. La formule de cette inscription était ordinairement: «Une telle est belle». «Le Céramique dont il s'agit ici est celui de la ville dans lequel les courtisanes se promenaient; car il y avait un autre Céramique hors de la ville; mais celui-ci servait de sépulture aux citoyens qui étaient morts en combattant pour la patrie.» Belin de Ballu.

tiers, elle l'a ramené auprès de moi par ses enchantements, quand je commençais à en désespérer.

MÉLITTA

Qu'a donc fait cette vieille, si tu te le rappelles ?

BACCHIS

Elle ne prend pas cher, Mélitta : elle demande seulement une drachme et un pain. Il faut, cependant, apporter encore du sel, sept oboles, du soufre et un flambeau. La vieille les prend. On verse aussi du vin dans un vase, et c'est elle qui le boit. Il faudra encore que tu te procures quelque chose qui ait appartenu à ton amant, des habits, des chaussures, quelques cheveux ou autres objets analogues.

MÉLITTA

Justement, j'ai ses chaussures.

BACCHIS

Elle les suspendra à un pieu, brûlera du soufre dessous, répandra du sel sur le brasier, en prononçant vos deux noms, le tien et celui de Charinus ; puis, tirant une toupie de son sein[58], elle la fera tourner, et récitera son enchantement composé de plusieurs mots barbares qui font frémir. Voilà du moins ce qu'elle a fait pour moi. Bientôt après, Phanias, malgré les reproches de ses amis et les vives instances de Phébis, avec laquelle il vivait, revint à moi, entraîné par la puissance du charme. Il y a plus : la vieille m'apprit encore un secret pour inspirer à Phanias la haine la plus violente contre Phébis. C'était d'observer la trace des pas de cette fille, de les effacer en posant le pied droit où elle avait posé le pied gauche, et le pied gauche où elle avait posé le pied droit, et de dire en même temps : « Je marche sur toi ; je suis au-dessus de toi ! » J'ai fait tout ce qu'elle m'avait prescrit.

MÉLITTA

Vite, vite, Bacchis ! Fais-moi venir la Syrienne ! Et toi, Acis, procure-toi du pain, du soufre et tout ce qu'il faut pour l'enchantement.

---

[58] Voy Horace, *Épode* XVII, v. 7 et la note d'Orelli.

V. CLONARIUM ET LÉÉNA

CLONARIUM

Nous en apprenons de belles sur ton compte, Lééna! Megilla, cette riche Lesbienne, est, dit-on, éprise de toi, comme un homme vous vivez ensemble, et il se passe je ne sais quoi entre vous. Voyons! Tu rougis! Parle: est-ce vrai?

LÉÉNA

C'est vrai, Clonarium. Mais j'en suis toute confuse. C'est monstrueux!

CLONARIUM

Par Cérès! Qu'est-ce donc? Que te veut cette femme? Que faites-vous lorsque vous êtes ensemble? Tu ne m'aimes pas, sans quoi tu ne me cacherais rien.

LÉÉNA

Je t'aime plus que personne. Mais cette femme a des goûts terriblement masculins.

CLONARIUM

Tu veux dire, sans doute, que c'est une de ces tribades comme on en rencontre à Lesbos, femmes qui ne veulent pas recevoir d'hommes, et qui font l'office d'hommes avec des femmes.

LÉÉNA

C'est quelque chose de semblable.

CLONARIUM

Eh bien! Raconte-moi, Lééna, ses premières tentatives auprès de toi, ta séduction et le reste.

LÉÉNA

Elles avaient organisé une partie, elle et Démonassa de Corinthe, femme riche et adonnée aux mêmes pratiques que Mégilla: elles me firent venir pour les amuser de ma cithare. Lorsque j'eus fini de chanter, c'était le soir, l'heure étant venue de se coucher, comme elles avaient bien bu : « Voyons, Lééna, dit Mégilla, il va faire bon dormir : tu vas coucher ici entre nous deux. »

CLONARIUM

Tu t'es couchée : et ensuite ?

LÉÉNA

Ensuite elles m'ont embrassée comme des hommes, non seulement en appliquant les lèvres, mais en entrouvrant la bouche, me caressant, me pressant la gorge ; Démonassa même me mordait en me donnant des baisers. Pour moi, je ne voyais pas où elles voulaient en venir. Enfin Mégilla tout animée, enlève sa chevelure postiche, faite à se méprendre et parfaitement ajustée, se montre rasée jusqu'à la peau, comme un vigoureux athlète. Cette vue me jette dans un grand trouble.

« Lééna, me dit-elle, as-tu vu un plus beau garçon ?

— Mais, lui dis-je, je ne vois pas de garçon, Mégilla.

— Ne parle pas de moi au féminin, dit-elle, je m'appelle Mégillus ; j'ai, depuis longtemps, épousé Démonassa ; elle est ma femme. »

A ces mots, Clonarium, ne pouvant m'empêcher de rire :

« Mégillus lui dis-je, vous étiez un homme, à votre insu, comme Achille, caché parmi les filles sous ses habits de pourpre. Mais alors vous êtes fait comme un homme, et vous vous conduisez en mari avec Démonassa ?

— Je n'ai pas précisément tout ce qu'il faut, Lééna, reprit-elle ; mais je n'en ai pas absolument besoin. D'ailleurs, tu me verras à l'œuvre et travailler de fort agréable manière.

— Vous êtes donc un hermaphrodite, lui dis-je, comme on dit qu'il y a eu beaucoup de gens ayant les deux sexes ? »

En effet, Clonarium, je ne me doutais pas de ce qu'il en était.

« Non, me répondit-elle, je suis vraiment homme.

— C'est que j'ai entendu dire, repris-je, à la Béotienne Isménodore, joueuse de flûte qui me racontait les histoires de son pays, qu'il y a eu jadis un Thébain changé de femme en homme ; c'était aussi, je crois, un fameux devin, nommé Tirésias. Est-ce qu'il vous est arrivé quelque chose de pareil ?

— Non, dit-elle, Lééna ; je suis venue au monde, comme vous toutes ; mais j'ai les goûts, les désirs et le reste d'un homme.

— Et il vous suffit des désirs ? lui répondis-je.

— Lééna, me dit-elle, laisse-moi faire, si tu ne me crois pas, et tu comprendras

50

que je suis tout à fait un homme. J'ai ce qu'il faut pour te convaincre : encore une fois, laisse-toi faire, et tu verras. »

Je me suis laissé faire, Clonarium, j'ai cédé à ses instances, accompagnées d'un magnifique collier et d'une robe de lin du plus fin tissu. Je l'ai saisie dans mes bras comme un homme ; elle m'a embrassée toute haletante, et m'a paru goûter le plus vif plaisir.

CLONARIUM

Qu'a-t-elle donc fait et comment s'y est-elle prise ? C'est là surtout ce qu'il faut me raconter.

LÉÉNA

N'en demande pas plus long. Ce n'est pas beau. Aussi, j'en jure par Vénus, je n'en dirai rien.

VI. Crobyle et Corinne[59]

CROBYLE

Corinne, tu vois que ce n'est pas, comme tu te le figurais, un si grand malheur que de cesser d'être fille, de vivre avec un beau jeune homme, et de gagner tout de suite une mine[60], avec laquelle je vais t'acheter un collier.

CORINNE

Oui, maman. Mais, surtout, qu'il ait des pierres couleur de feu, comme celui de Philénis.

CROBYLE

Il sera tout pareil. Mais j'ai autre chose à te dire. Écoute bien ce que tu dois faire et comment il faut te conduire avec les hommes. Nous n'avons pas d'autres ressources pour vivre, ma fille. Depuis deux ans que ton père, d'heureuse mémoire, est allé de vie à trépas, tu ne peux pas te douter comment nous avons vécu. De son vivant, nous ne manquions de rien. C'était un excellent forgeron, qui s'était fait une grande réputation au Pirée, et tout le monde dit encore aujourd'hui qu'on ne verra jamais un forgeron comme Philinus. Après sa mort, je fus d'abord obligée de vendre ses tenailles, son enclume et son marteau, le tout deux mines, dont nous vécûmes quelque temps : ensuite j'ai fait de la toile, poussé la navette ou tourné le fuseau, afin de gagner péniblement de quoi manger, et je t'ai élevée, ma fille, comme mon unique espérance.

CORINNE

Vous voulez parler de la mine ?

CROBYLE

Non ; j'ai pensé qu'à ton âge tu me nourrirais à ton tour, en te procurant à toi-même de belles toilettes, de l'aisance, des robes de pourpre, des servantes.

CORINNE

---

[59] Cf. *Satire* XIII de Régnier.
[60] 92 fr. or et 68 centimes.

Comment cela, maman? Que voulez-vous dire?

CROBYLE

En vivant avec les jeunes gens, en buvant et en couchant avec eux, moyennant finance.

CORINNE

Comme Lyra, la fille de Daphnis?

CROBYLE

Oui.

CORINNE

Mais, maman, c'est une courtisane.

CROBYLE

Voyez le grand malheur! Tu deviendras riche comme elle, tu auras de nombreux amants. Pourquoi pleures-tu, Corinne? Ne vois-tu pas tout ce qu'il y a de courtisanes, comme elles sont recherchées, combien elles gagnent d'argent? J'ai connu Daphnis en haillons (viens à notre aide, Adrastée!), avant que sa fille fût jolie et regardée. Tu vois maintenant comme elle est mise: de l'or, des robes brodées, quatre servantes.

CORINNE

Comment Lyra a-t-elle gagné tout cela?

CROBYLE

D'abord elle s'est habillée avec élégance, parfaitement ajustée, faisant bon visage à tous, non pas en éclatant de rire, comme c'est ton habitude, mais en prenant un air souriant, plein de douceur et de séduction; ensuite, elle a traité tous les hommes avec adresse, sans tromper ceux qui viennent la voir ou qui la reconduisent, mais aussi sans s'attacher à aucun. Si pour un salaire on la fait venir à un festin, au lieu de s'enivrer, défaut souverainement ridicule et que les hommes détestent, au lieu de se jeter sur les plats, comme une malapprise, elle touche délicatement les mets du bout des doigts, prend chaque bouchée en si-

53

lence, sans se remplir les joues, boit doucement, et non pas d'un seul trait, mais par petites gorgées.

CORINNE

Même lorsqu'elle a soif, maman ?

CROBYLE

Surtout lorsqu'elle a soif, Corinne. Elle ne parle pas plus qu'il ne faut, ne raille point les convives, et ne regarde que celui qui la paye. Aussi, tout le monde l'aime. Lorsqu'il faut se mettre au lit, elle ne se montre ni dévergondée, ni froide ; elle ne se préoccupe que de captiver son amant et de se l'attacher. C'est là surtout ce que l'on approuve en elle. Si tu retiens bien cette leçon, nous aussi nous serons heureuses, car tes attraits sont bien supérieurs aux siens... Mais je n'en dis pas plus long. Viens à notre aide, Adrastée ! Que les dieux seulement te prêtent vie !

CORINNE

Dites-moi, maman, tous ceux qui nous donneront de l'argent ressemblent-ils à Eucrite, avec qui j'ai couché hier ?

CROBYLE

Non ; il y en a de plus beaux, de plus robustes, et quelques-uns de figure moins agréable.

CORINNE

Et il faudra que je couche aussi avec ceux-là ?

CROBYLE

Surtout avec ceux-là, ma fille. Ce sont eux qui payent le mieux. Les beaux ne veulent payer que de leur beauté. Songe avant tout aux gros bénéfices, si tu veux qu'avant peu toutes les femmes disent, en te montrant au doigt : « Voyez Corinne, la fille de Crobyle, comme la voilà superlativement riche ! Comme elle a rendu sa mère trois fois heureuse ! » Qu'en dis-tu ! Feras-tu cela ? Oui, tu le feras, j'en suis sûre, et bientôt tu seras la reine de toutes tes rivales. Maintenant, va prendre un bain : il se peut faire que le jeune Eucrite vienne aujourd'hui ; il me l'a promis.

VII. Musarium et sa Mère

Si nous trouvons encore, Musarium, un galant comme Chéréas, il faudra immoler une chèvre blanche à Vénus Pandème[61], une génisse à la Vénus Uranie des Jardins, et offrir une couronne à Cérès qui envoie les trésors car nous serons alors heureuses et trois fois heureuses. Tu vois tout ce que nous recevons de ce jeune homme: il ne t'a encore donné ni obole, ni robe, ni chaussures, ni parfums; mais ce sont toujours des réponses évasives, des promesses, des espérances à long terme; il répète sans cesse: «Ah! si mon père... Ah! si j'étais maître de mon héritage, tout serait à toi!» Et toi, tu prétends qu'il a juré de t'épouser.

MUSARIUM

Oui, ma mère, il l'a juré par les deux déesses[62] et par Minerve Poliade[63].

LA MÈRE

Et tu crois cela! C'est probablement pour cette raison que l'autre jour, comme il n'avait pas de quoi payer son écot, tu lui as donné ton anneau, à mon insu: il est allé le vendre pour boire, et tu lui as donné ensuite ces deux colliers d'Ionie, qui pesaient deux dariques chacun, et que le patron Praxias de Chios t'avait rapportés d'Éphèse, où il les avait fait faire. Il fallait bien, en effet, que Chéréas eût de quoi payer son écot avec ses amis. Quant à tes robes et à tes chemises, je n'en parle pas. En vérité, ce garçon-là est un trésor que Mercure a fait tomber chez nous.

MUSARIUM

Mais il est beau, sans barbe; il me dit qu'il m'adore, il verse des larmes, et puis il est fils de Dinomaque et de Lachès l'aréopagite; il nous promet de m'épouser; il nous donne les plus belles espérances, dès que son vieux aura fermé l'œil.

MUSARIUM

Eh bien, Musarium, quand nous aurons besoin de souliers, et que le cordon-

---

[61] La Vénus vulgaire par opposition à la Vénus Ouranienne ou Céleste qui avait une statue dans les Jardins d'Athènes (NDE).

[62] Cérès et Proserpine.

[63] De la Cité.

nier nous demandera une double drachme, nous lui dirons : «Nous n'avons pas d'argent, mais nous allons vous donner quelques espérances ; prenez.» Nous en dirons autant au boulanger ; et quand on nous demandera notre terme : «Attendez, dirons-nous, que Lachès de Colytte soit mort : nous vous payerons après notre mariage.» N'es-tu pas honteuse d'être la seule de tes compagnes qui n'ait ni pendants d'oreilles, ni colliers, ni robe de Tarente ?

MUSARIUM

Eh bien, ma mère, sont-elles plus heureuses ou plus belles que moi ?

LA MÈRE

Non, mais elles sont plus avisées ; elles savent leur métier, elles ne se fient pas aux belles paroles, ni aux jeunes gens qui ne jurent que des lèvres. Toi, tu es fidèle, attachée à Chéréas, comme s'il était ton époux, et tu ne reçois personne autre que lui. L'autre jour, lorsque ce laboureur acharnien, qui n'a pas de barbe non plus, vint t'offrir deux mines, puis du vin que son père lui avait envoyé vendre, tu le refusas d'un air dédaigneux ; mais tu devais coucher avec ton Adonis.

MUSARIUM

Quoi donc ? Fallait-il laisser là Chéréas pour recevoir ce manœuvrier qui pue le bouc ? Chéréas, au moins, a la peau douce ; c'est, comme un dit, un petit cochon d'Acharné.

LA MÈRE

J'en conviens ; l'autre est un rustre, et il ne sent pas bon. Mais Antiphon, fils de Ménécrate, qui te promettait une mine, pourquoi ne l'as-tu pas reçu ? Il est beau, galant, de l'âge de Chéréas.

MUSARIUM

Ah ! ma mère ! Chéréas m'a menacée de nous tuer tous les deux, s'il nous trouve jamais ensemble.

LA MÈRE

Combien d'autres ont fait de ces menaces ! Avec tout cela, tu n'auras pas d'amants, tu vivras en honnête femme ; tu ne seras pas une courtisane, mais une prêtresse de Cérès. Mais, à propos, c'est aujourd'hui la fête des Granges. Qu'est-ce qu'il t'a donné pour cette fête ?

MUSARIUM

Rien, maman.

LA MÈRE

Il est donc le seul qui ne sache rien soutirer à son père, lui dépêcher un esclave fripon, demander de l'argent à sa mère en la menaçant, si elle refuse, de se faire soldat de marine ! Il aime mieux rester planté chez nous, à titre onéreux, ne donnant rien et empêchant de recevoir des autres. Crois-tu donc, Musarium, que tu auras toujours seize ans, que Chéréas aura toujours pour toi-même la même tendresse, quand il sera riche et que sa mère lui aura trouvé un beau mariage ? A la vue d'une dot de cinq talents, se souviendra-t-il, dis-le-moi, de ses larmes, de tes baisers et des serments qu'il t'aura faits ?

MUSARIUM

Il s'en souviendra : la preuve, c'est qu'il n'a pas encore voulu se marier ; malgré les instances et la contrainte il a toujours refusé.

LA MÈRE

Puisse-t-il ne pas mentir ! Mais, Musarium, je te rafraîchirai la mémoire en temps voulu.

VIII. Ampélis et Chrysis

AMPÉLIS

Celui qui n'est pas jaloux, Chrysis, qui ne se met pas en colère, ne donne pas de soufflets n'arrache pas de cheveux et ne déchire pas de robes, celui-là n'est pas amoureux.

CHRYSIS

Comment, Ampélis, ce sont là les seules preuves de tendresses ?

AMPÉLIS

Oui, ma chère ; c'est l'indice d'un cœur vraiment épris. Tout le reste, baisers, larmes, serments, visites fréquentes, sont les marques d'un amour qui naît et qui débute ; mais le véritable feu éclate dans la jalousie. Si donc ton Gorgias t'a souffletée, comme tu dis ; s'il est jaloux, aie bon espoir et souhaite qu'il agisse toujours de même.

CHRYSIS

Toujours de même ! Que dis-tu là ? Tu veux qu'il me soufflette toujours ?

AMPÉLIS

Non ; mais qu'il soit fâché, lorsque tu ne le regardes pas exclusivement. En effet, s'il n'était pas amoureux, il ne se mettrait pas en colère en te voyant un autre amant.

CHRYSIS

Mais je n'en ai pas d'autre. C'est sans motif qu'il me soupçonne d'aimer ce richard, dont je lui ai parlé étourdiment l'autre jour.

AMPÉLIS

Ce n'est pas désagréable pour toi qu'on te soupçonne d'être recherchée par les riches. Ton amant en éprouvera plus de chagrin, il se piquera d'honneur et craindra de rester en arrière de ses rivaux.

CHRYSIS

Oui, mais en attendant il ne fait que se mettre en colère et donner des soufflets : ce sont là ses seuls présents.

AMPÉLIS

Il en fera d'autres. Les jaloux ont l'humeur chagrine.

CHRYSIS

Je ne sais pas, ma petite Ampélis, pourquoi tu veux que je reçoive des soufflets.

AMPÉLIS

Pas du tout ; mais, je te le dis, ils deviennent fort amoureux quand ils croient qu'on les dédaigne. Lorsqu'au contraire un amant se figure qu'il est seul favorisé, sa passion s'évanouit. Je te parle d'après une expérience de vingt ans, et tu n'en as que dix-huit à peine. Si tu veux, je te raconterai ce qui m'est arrivé il y a quelques années. J'avais pour amant Démophante l'usurier, qui demeure derrière le Pœcilé. Jamais il ne m'avait donné plus de cinq drachmes, et il voulait être le maître. Il ne m'aimait, Chrysis, que d'un amour à fleur d'eau : jamais de soupirs, de larmes, de stations à ma porte pendant la nuit ; il couchait avec moi tout simplement de loin en loin.

Un jour il vient me voir : je lui ferme la porte au nez ; j'avais chez moi le peintre Callidès, qui m'avait envoyé dix drachmes ; et Démophante s'en va pestant fort contre moi. Quelques jours s'écoulent, je ne l'envoie pas chercher : Callidès était encore chez moi ; Démophante s'échauffe, il arrive tout bouillant de colère, voit la porte ouverte, entre, pleure, me frappe, me menace de me tuer, déchire ma robe, met tout en combustion et finit par me donner un talent pour lequel il m'eut toute seule huit mois entiers. Sa femme disait à tout le monde que je l'avais affolé avec des philtres ; mon philtre était la jalousie. Fais-en usage, Chrysis, avec ton Gorgias. C'est un garçon qui sera riche, s'il arrive quelque chose à son père.

IX. Dorcas, Pannychis, Philostrate, Polémon

DORCAS

C'est fait de nous, maîtresse, c'est fait de nous! Polémon est revenu de la guerre tout cousu d'or, dit-on. Je l'ai vu passer vêtu d'un manteau de pourpre que retenait une agrafe d'or, et suivi d'un grand nombre de valets. Dès que ses amis l'ont aperçu, ils sont accourus l'embrasser. En ce moment j'ai avisé derrière lui le garçon qui l'avait accompagné dans la dernière campagne; je l'ai abordé, et le saluant la première : « Eh bien, Parménon, lui ai-je dit, comment cela va-t-il pour nous? Qu'est-ce que vous nous rapportez de bon de la guerre? »

PANNYCHIS

Il ne fallait pas lui dire cela tout de suite, mais : « Ah! vous voilà sains et saufs! Grâces en soient rendues aux dieux, et surtout à Jupiter hospitalier et à Minerve guerrière! Ma maîtresse me demandait tous les jours ce que vous faisiez, où vous étiez. » Si même tu avais ajouté : « Elle a pleuré, elle n'a fait que penser à Polémon, » c'eût été encore mieux.

DORCAS

C'est ce que j'avais commencé par lui dire; mais je ne voulais pas vous le répéter, ayant hâte de vous rapporter ce que j'ai appris. Quand je fus auprès de Parménon : « Parménon, lui dis-je, est-ce que les oreilles ne vous tintaient pas? Ma maîtresse ne parlait que de vous et toujours en pleurant, surtout quand il revenait quelqu'un d'un combat où l'on disait qu'il y avait eu beaucoup de monde de tué; elle s'arrachait les cheveux, se meurtrissait la poitrine et fondait en larmes à chaque nouvelle. »

PANNYCHIS

Très bien, Dorcas; voilà ce qu'il fallait.

DORCAS

Un instant après je lui ai fait la question que je vous ai dite. Alors lui : « Nous revenons, dit-il, superbes! »

PANNYCHIS

Comment! Son premier mot n'a pas été que Polémon se souvenait encore de moi, qu'il désirait me retrouver vivante?

DORCAS

Il m'a dit toutes sortes de choses de ce genre, mais l'essentiel, c'est qu'il m'a parlé de richesses immenses, d'or, d'étoffes, d'esclaves, d'ivoire, ils apportent de l'argent non plus compté, mais mesuré au médimne, des médimnes entiers. Parménon a lui-même au petit doigt un anneau énorme, taillé à facettes, avec une pierre tricolore, d'un rouge fort vif. Je l'ai laissé me racontant comment, après avoir traversé l'Halys, ils avaient tué Tiridate, et comment Polémon s'était comporté dans une rencontre avec les Pisides; et je suis venue tout courant vous faire part de ces nouvelles, afin que vous preniez un parti dans la circonstance. En effet, si Polémon arrive ici (or, il va venir aussitôt débarrassé de ses amis), s'il apprend ce qui s'y passe, et s'il rencontre Philostrate, que fera-t-il, pensez-vous?

PANNYCHIS

Cherchons, Dorcas, à sortir d'embarras. Il n'est pas honnête de mettre à la porte Philostrate, qui m'a donné l'autre jour un talent; c'est, d'ailleurs, un marchand qui m'a fait de belles promesses; d'un autre côté, je perdrais beaucoup à ne pas recevoir Polémon qui revient si superbe. En outre il est jaloux; insupportable, quand il était pauvre, que ne fera-t-il pas aujourd'hui!

DORCAS

Le voici qui arrive!

PANNYCHIS

Ah! je me trouve mal, Dorcas!... Je ne sais que faire. Je tremble!...

DORCAS

Voilà aussi Philostrate.

PANNYCHIS

Que devenir? Je voudrais être à cent pieds sous terre!

PHILOSTRATE

Pourquoi ne pas nous mettre à boire, Pannycchis?

PANNYCHIS

Malheureux! tu me perds!... Bonjour, Polémon. Comme il y a longtemps qu'on ne vous a vu!

POLÉMON

Quel est cet homme qui vient d'entrer chez vous? Vous ne répondez pas! Eh bien, va te promener, Pannychis! Moi qui accours de Pylos ici en cinq jours; pour retrouver cette femme! Ce qui m'arrive est bien fait, et je t'en remercie. Désormais tu ne me pilleras plus.

PHILOSTRATE

Tiens! Qui êtes-vous donc, mon ami?

POLÉMON

Avez-vous entendu parler d'un certain Polémon de Stiriée[64], de la tribu de Pandion, jadis chiliarque[65], aujourd'hui capitaine de cinq mille hommes, amant de Pannychis, quand je la croyais raisonnable?

PHILOSTRATE

Eh bien, seigneur capitaine de mercenaires, maintenant Pannychis est à moi. Elle a reçu un talent, et elle en recevra bientôt un autre, dès que j'aurai placé mes marchandises. Allons! suis-moi, Pannychis, laisse ce capitaine conduire ses mille hommes chez les Odryses.

DORCAS

Elle est bien libre de le suivre, si elle veut.

PANNYCHIS

Que faire, Dorcas?

---

[64] Bourgade de l'Attique (NDT). Polémon signifie: «Le combattant» (NDE).
[65] Chef de mille hommes.

DORCAS

Le mieux est de rentrer chez vous. Polémon est trop en colère pour que vous restiez ici. Et puis sa jalousie ne fera que s'accroître.

PANNYCHIS

Puisque tu le veux, rentrons.

POLÉMON

Très bien! Mais je vous dis que c'est la dernière fois que vous boirez ensemble; ce n'est pas pour rien que je me suis fait la main par d'épouvantables massacres. Holà! mes Thraces, Parménon! En avant! Que leur phalange occupe l'entrée de la rue! sur le front les hoplites, de chaque côté les frondeurs et les archers, le reste à l'arrière-garde!

PHILOSTRATE

Ah! mercenaire, tu nous crois des petits enfants! Ohé! beau masque! Mais tu n'as jamais tué un poulet! As-tu vu la guerre, seulement? Tu as peut-être été chef d'un corps de garde, à la tête d'une compagnie, et encore je te fais la part belle.

POLÉMON

Tu en sauras des nouvelles, quand tu nous verras la lance en main, avec nos armes bien fourbies.

PHILOSTRATE

Viens donc ici en ordre de bataille, Moi et Tibius, mon unique valet, nous allons vous recevoir à coups de pierres et de coquilles d'huîtres; et, pressés de fuir, vous ne saurez plus où vous fourrer.

X. Chélidonium et Drosé

CHÉLIDONIUM

Il ne vient donc plus te voir, Drosé, le jeune Clinias ? Il y a un siècle que je ne l'ai vu chez vous.

DROSÉ

Non, ma chère Chélidonium ; son maître lui a défendu de m'approcher.

CHÉLIDONIUM

Qu'est-ce que c'est que cet homme-là ? Est-ce que tu veux parler de Diotime, le maître du gymnase ? Il est de mes amis.

DROSÉ

Non ; c'est un infâme philosophe, un certain Aristénète.

CHÉLIDONIUM

Ce butor, velu et barbu, qui a l'habitude de se promener avec des jeunes gens dans le Pœcilé ?

DROSÉ

Justement ; un charlatan que je voudrais voir traîner par la barbe et mettre en pièces par le bourreau.

CHÉLIDONIUM

Comment a-t-il fait pour décider Clinias ?

DROSÉ

Je n'en sais rien, Chélidonium. Mais ce garçon, qui n'a pas découché une seule nuit, depuis qu'il sait ce que c'est qu'une femme, commerce auquel je l'ai initié, n'a pas paru dans notre rue depuis trois jours consécutifs. Inquiète et poussée par je ne sais quel pressentiment, j'envoie Hébris à la découverte, pour voir s'il était à l'Agora ou au Pœcilé. Elle m'a dit qu'elle l'a vu se promener avec Aristénète, qu'elle lui a fait de loin un signe de tête, mais que lui, rougissant et baissant le nez, après l'avoir aperçue, n'a plus levé les yeux de son côté. Ils sont entrés ensemble dans la ville. Hébris les a suivis jusqu'au Dipyle ; mais comme il ne s'est pas retourné une seule fois, elle est rentrée sans pouvoir me dire rien de positif. Songe un peu dans quel état je suis depuis ce temps-là ; je me perds en conjectures sur ce qu'on a fait de ce jeune homme. « Mais, disais-je en moi-même, je ne lui ai jamais fait la moindre peine. A-t-il un autre amour qui m'ait fait prendre en haine ? C'est son père qui l'empêche de revenir ! » Telles étaient les pensées qui me passaient par la tête. Le soir, assez tard, Dromon m'apporte une lettre de la part de Clinias. Prends, lis, Chélidonium ; tu sais lire, n'est-ce pas ?

CHÉLIDONIUM

Voyons cette lettre. L'écriture n'est pas merveilleuse ; les caractères embarrassés indiquent un homme qui a écrit à la hâte. Mais lisons : « Combien je t'aime, ma chère Drosé ! j'en prends les dieux à témoin... »

DROSÉ

Ah ! le malheureux ! il ne me dit pas seulement bonjour !

CHÉLIDONIUM

« Et maintenant, ce n'est pas la haine, mais la contrainte qui me sépare de toi. Mon père m'a remis aux mains d'Aristénète, pour étudier la philosophie. Et celui-ci, qui sait notre liaison, m'en a fait de vifs reproches, en me disant que c'était une indignité de vivre avec une courtisane, quand on était fils d'Architélès et d'Érasiclée, parce qu'il faut, avant tout, préférer la vertu au plaisir... »

DROSÉ

Aux corbeaux le bélître, qui donne de semblables leçons à la jeunesse !

CHÉLIDONIUM

« Il faut de toute nécessité que je lui obéisse : il me suit et me garde avec soin, et il ne me laisse voir que lui. Si je suis sage et si je fais tout ce qu'il me dit, il me promet que je serai heureux et vertueux pour prix de mes efforts. J'ai eu toutes les peines du monde à t'écrire ces mots à la dérobée. Sois heureuse et souviens-toi de Clinias. »

DROSÉ

Que dis-tu de cette lettre, Chélidonium ?

CHÉLIDONIUM

Tout le reste est écrit à la scythe; mais les mots «Souviens-toi de Clinias» laissent encore un peu d'espoir.

DROSÉ

C'est ce que je crois aussi; mais je meurs d'amour. D'ailleurs Dromon m'a dit qu'Aristénète est un pédéraste, qui, sous prétexte de philosophie, vit avec les plus jolis garçons; il a déjà eu quelques conversations particulières avec Clinias; il lui a fait de belles promesses et lui a dit qu'il le rendrait égal aux dieux, et même il lit avec lui les dialogues érotiques des anciens philosophes avec leurs disciples; enfin il obsède le pauvre jeune homme. Mais Dromon l'a menacé de prévenir le père de Clinias.

CHÉLIDONIUM

Il fallait, Drosé, remplir le ventre à Dromon.

DROSÉ

C'est ce que j'ai fait; mais sans cela il eût été à moi: il est amoureux d'Hébris.

CHÉLIDONIUM

Du courage; tout ira bien. Moi, je suis d'avis d'écrire sur la muraille du Céramique, du côté où Architélès a coutume de se promener: «Aristénète corrompt Clinias.» Cette inscription coïncidera parfaitement avec le rapport de Dromon.

DROSÉ

Mais comment feras-tu pour qu'on ne te voie pas écrire?

CHÉLIDONIUM

J'irai l'écrire la nuit avec un charbon, que je prendrai n'importe où.

DROSÉ

A merveille! Unissons-nous, Chélidonium, pour faire la guerre à ce fourbe d'Aristénète.

TRYPHÉNA

A-t-on jamais vu prendre une courtisane, la payer cinq drachmes, coucher avec elle et lui tourner le dos, pour ne faire que soupirer et larmoyer ? Non ; tu n'avais aucun plaisir à boire ; seul tu ne voulais pas manger, et, pendant le repas, tu fondais en larmes ; je le voyais bien. Maintenant même encore, tu pleures comme un enfant. D'où viennent, Charmide, toutes ces façons d'agir ? Ne me cache rien. J'aurai du moins gagné cela ! passer une nuit blanche avec toi.

CHARMIDE

L'amour me tue, Tryphéna ; je ne puis résister à la violence de mon mal.

TRYPHÉNA

Mais ce n'est pas moi que tu aimes ; c'est évident ; car je n'éprouverais ni tes dédains, ni tes refus quand je veux t'embrasser ; tu n'élèverais pas entre nous deux le rempart de tes habits, de peur que je ne te touche. Mais dis-moi quelle est la belle : peut-être pourrai-je te servir dans tes amours ; je sais comment on rend de pareils offices.

CHARMIDE

Ah ! tu la connais bien, et elle te connaît ; c'est une courtisane en vogue.

TRYPHÉNA

Dis-moi son nom, Charmide.

CHARMIDE

Philématium, Tryphéna.

TRYPHÉNA

De laquelle veux-tu parler ? Elles sont deux. Est-ce celle qui demeure au Pirée, qui est passée depuis peu de l'état de fille à celui de femme, et qui a pour amant Damyllus, fils du stratège actuel ? Ou bien est-ce l'autre, qu'on a surnommée Pagis[66] ?

---

[66] Le filet.

CHARMIDE

C'est Pagis ; c'est elle qui me tue : elle m'a pris dans ses lacs.

TRYPHÉNA

Et c'est pour elle que tu verses tant de larmes ?

CHARMIDE

Oui ; sans doute.

TRYPHÉNA

Y a-t-il longtemps que tu l'aimes, ou cet amour est-il de nouvelle date ?

CHARMIDE

Il date de loin : il y a près de sept mois, depuis l'époque des Dionysies, que je l'ai vue pour la première fois.

TRYPHÉNA

Mais l'as-tu vue tout entière, ou seulement son visage et ce qu'elle consent à laisser voir, en femme qui a ses quarante-cinq ans ?

CHARMIDE

Comment ? Elle jure qu'elle aura vingt-deux ans en élaphébolion[67] prochain !

TRYPHÉNA

En crois-tu ses serments plutôt que tes propres yeux ? Examine-la bien : regarde ses tempes où il lui reste encore quelques cheveux, le reste est une perruque bien fournie. Quand la couleur dont elle se teint sera effacée, tu la verras couverte de cheveux gris. Mais ce n'est pas assez : presse-la de se laisser voir toute nue.

CHARMIDE

Elle n'a jamais voulu m'accorder cette faveur.

---

[67] Mois qui répondait à la fin de février et au commencement de mars.

TRYPHÉNA

Ce n'est pas sans raison. Elle sait bien que tu ne pourrais sans dégoût voir toutes ses taches blanches ; car depuis la gorge jusqu'aux genoux elle ressemble à une panthère. Et tu te désoles de ne pouvoir jouir d'une pareille beauté ? Mais as-tu donc essuyé ses rigueurs et ses mépris ?

CHARMIDE

Oui, Tryphéna, malgré les présents dont je l'ai comblée. Aujourd'hui, parce que je n'ai pu lui donner tout de suite mille drachmes qu'elle m'a demandées (tu connais l'avarice de mon père), elle a reçu Meschion, et m'a laissé à la porte. C'est pour lui rendre le chagrin qu'elle m'a causé, que je t'ai fait prendre.

TRYPHÉNA

Par Vénus ! Je ne serais pas venue, si l'on m'avait dit que tu m'envoyais chercher pour faire de la peine à une autre, et surtout à Philématium, un vrai tombeau. Mais je m'en vais ; déjà le coq a chanté pour la troisième fois.

CHARMIDE

Ne t'en va pas si vite, Tryphéna. Si ce que tu me dis de Philématium est vrai, qu'elle a une perruque, qu'elle se teint, qu'elle a des taches, je ne saurais plus la regarder.

TRYPHÉNA

Demande à ta mère, si quelquefois elle a pris le bain avec elle. Quant à son âge, ton grand-père pourra te le dire, s'il vit encore.

CHARMIDE

Puisqu'elle est comme cela, enlevons ce rempart, rapprochons-nous, embrassons-nous et soyons tout à fait ensemble. Bien du plaisir à Philématium !

IŒSSA

Tu fais le renchéri avec moi, Lysias ? C'est parfait ! Jamais je ne t'ai demandé d'argent ; jamais je ne t'ai fermé ma porte en te disant : « Il y a quelqu'un ; » jamais je ne t'ai engagé, comme font toutes les autres, à tromper ton père ou à voler ta mère pour m'apporter quelque présent : mais je t'ai reçu tout de suite gratis, et sans exiger ton écot. Tu sais combien d'amants j'ai éconduits : Étoclès, aujourd'hui prytane ; Pasion, patron de vaisseau ; Mélissus, ton camarade, que la mort de son père laisse à la tête de sa fortune. Toi seul as toujours été mon Phaon ; je n'ai eu d'yeux que pour toi ; je n'ai ouvert qu'à toi. Je croyais, pauvre folle, à la sincérité de tes serments ; et mon amour pour toi me rendait sage comme Pénélope, malgré les criailleries de ma mère, qui m'accusait auprès de mes amies. Mais toi, dès que tu t'es aperçu de ton empire, dès que tu as vu que je desséchais d'amour pour toi, tu n'as songé qu'à me chagriner, tantôt en jouant, sous mes yeux avec Lycéna, tantôt en me faisant l'éloge, quand nous étions couchés ensemble, de Magidium, la joueuse de cithare. Moi, je ne fais que pleurer, et je sens tes outrages. L'autre jour, vous buviez ensemble, toi, Thrason et Diphile : il y avait là Cymbalium, la joueuse de flûte, et Pyrallis, mon ennemie, tu le savais bien. Et que tu aies donné cinq baisers à Cymbalium, je ne m'en suis pas beaucoup préoccupée : tu te faisais injure à toi-même en l'embrassant ; mais que de signes de tête à Pyrallis ! Lorsque tu buvais, tu lui présentais la coupe ; et, en la rendant à l'esclave, tu lui disais à l'oreille de ne verser à personne, si Pyrallis ne le commandait. Enfin, tu mords dans une pomme, après t'être assuré que Diphile n'en voyait rien et se penchait pour causer avec Thrason, puis tu vises de ton mieux et tu la lui jettes dans le sein, sans essayer d'échapper à mes regards. Elle la prend, la baise et la cache dans sa gorge, sous son réseau[68].

Pourquoi te conduis-tu de la sorte ? T'ai-je jamais fait une grande ou une petite injure ? T'ai-je causé le plus léger chagrin ? En ai-je regardé un autre ? N'est-ce pas pour toi seul que je vis ? Ah ! Lysias, ce n'est pas une belle prouesse d'affliger une pauvre femme à qui l'amour a troublé la raison ; mais il est une déesse, Adrastée, qui voit tout cela. Peut-être, un jour, verseras-tu des larmes, quand tu apprendras que je n'existe plus, que je me suis pendue ou jetée dans un puits la tête la première, enfin que j'ai trouvé un genre de mort quelconque, pour ne plus t'importuner de ma présence. Tu triompheras alors, comme un homme qui a fait

---

[68] Voy. Juvénal, *Sat.*, VI, v. 122.

un grand et glorieux exploit. Mais pourquoi me regarder de travers? Pourquoi grincer des dents? Si tu as quelque reproche à me faire, parle; Pythias sera notre juge. Eh bien! tu ne réponds point? Tu t'en vas! Tu me laisses là? Vois-tu, ma Pythias, comme Lysias me traite?

PYTHIAS

Oh! le sauvage! Comment! ces larmes ne vous attendrissent point? Vous êtes donc un rocher, et non pas un homme? Mais aussi, pour tout dire, c'est toi, Iœssa, qui l'as gâté par l'excès de ton amour et en laissant voir ta faiblesse. Il ne fallait pas courir ainsi après lui: les hommes font les fiers, quand ils s'aperçoivent qu'on les aime. Cesse de pleurer, ma pauvre enfant, et, si tu veux m'en croire, ferme-lui une ou deux fois ta porte au nez; bientôt tu le verras prendre feu et s'affoler à son tour.

IŒSSA

Ah! ne me donne pas de pareils conseils. Fi donc! Que je ferme ma porte à Lysias! Fassent les dieux qu'il ne s'en aille pas le premier!

PYTHIAS

Mais il revient.

IŒSSA

Tu m'as perdue, Pythias. Il t'a peut-être entendue dire: «Ferme-lui ta porte au nez.»

LYSIAS

Non, je ne reviens pas ici pour cette femme, Pythias: je ne veux plus la voir; mais c'est pour vous, pour que vous ne blâmiez pas ma conduite et que vous ne disiez pas: «Lysias est un homme impitoyable.»

PYTHIAS

C'est pourtant ce que j'ai dit, Lysias.

LYSIAS

Vous voulez donc, Pythias, que je consente à ce que cette Iœssa, qui pleure si bien aujourd'hui, me soit infidèle, quand je l'ai surprise, l'autre jour, couchée avec un jeune homme?

PYTHIAS

Eh bien, Lysias, n'est-elle pas courtisane? Mais quand les avez-vous surpris ensemble?

LYSIAS

Il y a environ six jours; je dis bien, six jours: c'était le deux du mois, et nous sommes aujourd'hui le sept. Mon père, connaissant ma folle passion pour cette honnête fille, m'avait enfermé, avec défense expresse au portier de m'ouvrir. Moi, qui ne puis me passer d'elle, j'ordonne à Dromon de se baisser auprès de la muraille, du côté où elle est le moins élevée, et de me laisser grimper sur son dos, afin de pouvoir escalader. Bref, j'escalade; j'arrive ici, je trouve la porte d'entrée soigneusement fermée: il était minuit; je ne frappe pas; je soulève doucement la porte, ce que j'avais fait maintes fois; elle tourne sur ses gonds, et j'entre sans bruit. Tout le monde dormait, je suis la muraille à tâtons, et j'arrive auprès du lit.

IŒSSA

Que va-t-il dire? O Cérès! je suis à l'agonie.

LYSIAS

Comme j'entends deux respirations, je crois d'abord que Lydé est couchée avec elle; mais ce n'était pas cela, Pythias. En tâtant, je sens un menton délicat et sans barbe, une tête rasée jusqu'à la peau et exhalant les parfums. En ce moment, si j'avais eu une épée, je n'aurais pas hésité, sache-le bien. Pourquoi riez-vous, Pythias? Est-ce que mon récit est plaisant?

IŒSSA

Voilà, Lysias, ce qui t'a mis de mauvaise humeur? Eh bien! c'est Pythias qui était couchée avec moi.

PYTHIAS

Il ne fallait pas le lui dire, Iœssa.

IŒSSA

Pourquoi ? C'était Pythias, mon bon ami ; je l'avais fait prier de venir dormir auprès de moi, toute chagrine de ne pas t'avoir.

LYSIAS

C'est Pythias qui a la tête rasée jusqu'à la peau, et, depuis six jours, il lui a poussé une pareille chevelure ?

IŒSSA

Elle a été obligée, Lysias, de se faire raser à la suite d'une maladie, parce que tous ses cheveux tombaient. Mais fais-lui voir, Pythias, fais ici voir, afin de le convaincre. Tiens, voilà le beau garçon, le rival dont tu es jaloux.

LYSIAS

Pouvais-je m'en défendre, Iœssa ? Je suis amoureux, et je l'avais touché de mes mains...

IŒSSA

Te voilà convaincu. Veux-tu, à présent, que je te rende tous les chagrins que tu m'as causés en me fâchant contre toi, à mon tour ? J'aurais bien raison.

LYSIAS

Non, ma chère ! Buvons plutôt, et Pythias avec nous. Je veux qu'elle assiste à notre raccommodement.

IŒSSA

Elle restera. Ah ! que de mal tu m'as fait, Pythias, le plus charmant de nos jeunes gens !

PYTHIAS

C'est vrai ; mais enfin, je vous ai raccommodés : ainsi, Lysias, vous ne devez plus m'en vouloir. Seulement, pas un mot, je vous prie, sur ma chevelure.

XIII. Léontichus, Chénidas et Hymnis[69]

Léontichus

Et dans le combat contre les Galates, dis-lui, Chénidas, comment je m'avan-çai hors des rangs de la cavalerie, monté sur un cheval blanc, et comme les Gala-tes, gens courageux pourtant, ont été frappés de terreur à ma vue, à ce point que personne ne m'a tenu tête. Alors, tenant ma lance en arrêt, je perce du même coup le chef des ennemis et son cheval. Je fonds ensuite, le fer en main, sur ceux qui résistent encore. Il y en avait, en effet, quelques-uns qui tenaient bon après la déroute de la phalange, et qui s'étaient formés en bataillon carré ; je les charge avec vigueur, l'épée nue : le choc de mon cheval renverse sept de leurs chefs ; d'un coup d'épée, je fends en deux la tête du capitaine : alors vous arrivez, Chénidas, quand déjà les ennemis étaient en fuite.

chénidas

Lorsque dans la Paphlagonie, Léontichus, vous vous êtes battu seul à seul avec le satrape, ne vous êtes-vous pas admirablement comporté ?

Léontichus

Tu as bien fait de me rappeler ce combat : il n'est pas sans gloire. Ce satrape était une sorte de géant, passait pour une fine lame, et méprisait fort les Grecs. Il s'avance entre les deux armées et défie qui voudra à un combat singulier. Per-sonne ne bouge : lochages, taxiarques, notre général même, un homme qui n'est pas lâche, pourtant ; c'était Aristechmus, d'Étolie, un lancier de première force. Moi, je n'étais encore que chiliarque. Je n'écoute que mon audace ; je repousse mes amis, qui veulent me retenir et qui tremblent pour moi : ils voient ce bar-bare, dont les armes d'or étincellent avec sa taille, son aigrette effrayante et sa lance qu'il brandit.

chénidas

Et moi aussi, j'avais peur, Léontichus. Vous savez que je vous retenais, en vous suppliant de ne pas vous exposer pour les autres, car je n'aurais pu vivre, si vous étiez mort.

---

[69] Cf. Plaute, *le Soldat fanfaron*.

LÉONTICHUS

Je n'écoute donc que mon audace : je m'élance sur le champ de bataille, couvert d'une armure aussi brillante que celle du Paphlagonien : j'étais tout d'or. Un cri s'élève parmi nos soldats et chez les barbares. On m'avait reconnu à mon bouclier, à mon harnais et à mon aigrette. Dis un peu, Chénidas, à qui tout le monde me comparaît en ce moment ?

CHÉNIDAS

A quel autre, par Jupiter ! si ce n'est à Achille, fils de Thétis et de Pélée ? Le casque vous allait si bien ! Votre manteau, de pourpre était si fleuri ! votre bouclier si brillant !

LÉONTICHUS

Quand nous sommes en présence, le barbare commence par me faire une blessure légère ; la pointe de sa lance m'effleure la peau, un peu au-dessus du genou. Moi, d'un coup de sarisse, je perce son bouclier de part en part, et je le frappe lui-même en pleine poitrine : j'accours, je lui tranche la tête je le dépouille de ses armes, et je reviens au camp, portant sa tête au bout de ma sarisse et tout couvert de son sang.

HYMNNIS

Fi donc, Léontichus ! Que vos récits sont affreux et dégoûtants ! On ne peut vous regarder sans frémir, quand vous faites gloire d'un pareil massacre : boive et couche avec vous qui voudra ; moi, je m'en vais.

LÉONTICHUS

Mais je te payerai double.

HYMNNIS

Non, je ne pourrais dormir entre les bras d'un meurtrier.

LÉONTICHUS

N'aie pas peur, Hymnis : tout cela s'est passé en Paphlagonie ; aujourd'hui, je suis en paix.

HYMNNIS

Non ; vous êtes un homme abominable : le sang découlait sur vous de la tête du barbare que vous portiez au bout de votre sarisse. Et moi, j'embrasserais, je caresserais un pareil homme ? Non, de par les Grâces ! Un monstre de cette espèce ne vaut pas mieux que le bourreau.

LÉONTICHUS

Ah ! si tu me voyais sous les armes, je suis sûr que tu m'aimerais.

HYMNNIS

En vous entendant, Léontichus, le cœur me faut, je frissonne, je crois voir des ombres, des spectres d'hommes massacrés, entre autres celui du capitaine dont vous avez fendu la tête en deux. Que serait-ce je vous le demande, si j'avais vu le fait lui-même, et le sang, et les morts ? Il me semble que je serais morte, moi qui n'ai jamais vu tuer un poulet.

LÉONTICHUS

Ah ! que tu es faible et poltronne, Hymnis ! Je pensais que ce récit allait beaucoup t'amuser.

HYMNNIS

Amuse de semblables récits les Lemmiennes ou les Danaïdes que tu pourras trouver, Moi, je retourne auprès de ma mère, attendre qu'il soit jour. Suis-moi, Grammis. Adieu, brave chiliarque, massacre qui tu voudras.

LÉONTICHUS

Demeure, Hymnis, demeure donc... Elle est partie !

CHÉNIDAS

C'est votre faute, Léontichus : vous avez effarouché cette fillette toute novice, en agitant vos aigrettes et en racontant des prouesses incroyables. Je l'ai vue pâlir dès le début, quand vous avez parlé du capitaine ; puis elle a changé de visage et s'est mise à frissonner à l'endroit où vous fendiez la tête de votre ennemi.

LÉONTICHUS

Je croyais lui paraître plus aimable. Mais toi-même tu as contribué à me perdre, en me donnant l'idée de ce combat singulier.

CHÉNIDAS

Ne fallait-il pas vous aider à mentir, en voyant le motif de votre fanfaronnade ? Mais vous avez rendu la chose trop effrayante. Que vous coupiez la tête du malheureux Paphlagonien, soit ! A quoi bon la piquer au bout de votre sarisse et vous couvrir de son sang !

LÉONTICHUS

C'est affreux, en effet, Chénidas, quoique le reste ne fût pas mal imaginé. Va, et fais-la consentir à coucher avec moi.

CHÉNIDAS

Je lui dirai donc, que toutes ces histoires sont autant de mensonges pour lui paraître brave.

LÉONTICHUS

C'est un peu honteux, Chénidas.

CHÉNIDAS

Sans cela, elle ne viendra pas. Choisissez de deux choses l'une : ou de faire détester votre prétendue promesse, ou de coucher avec Hymnis en lui avouant vos mensonges.

LÉONTICHUS

L'alternative est dure, Cependant je préfère Hymnis. Va dons, Chénidas, et dis-lui que j'ai menti ; mais pas en tout.

XIV. DORION ET MYRTALE

DORION

Maintenant tu me mets à la porte, Myrtale, maintenant que je suis devenu pauvre par toi ? Quand je te faisais ces beaux présents, j'étais ton amant, ton mari, ton maître ; j'étais tout pour toi. Aujourd'hui que je suis complètement à sec, et que tu as trouvé pour amant un marchand bithynien, je suis mis à la porte ; je reste à pleurer sur le seuil tandis qu'il est le bien-aimé de tes nuits, seul admis à l'intérieur, vivant en liesse, jusqu'au matin ; et tu prétends être enceinte de ses œuvres.

MYRTALE

Tout cela me suffoque, Dorion ; et surtout lorsque je t'entends dire que tu m'as fait de grands présents, et que c'est pour moi que tu t'es ruiné. Compte tout ce que tu m'as donné, depuis que nous avons fait connaissance.

DORION

Eh dieu, oui, Myrtale, comptons. Premièrement des souliers de Sicyone, deux drachmes. Mets deux drachmes.

MYRTALE

C'est vrai, mais tu as couché deux nuits.

DORION

A mon retour de Syrie, un vase d'albâtre rempli de parfums de Phénicie ! Deux drachmes encore, par Neptune !

MYRTALE

Et moi, ne t'ai-je pas donné, à ton départ, cette petite tunique qui descend jusqu'aux cuisses, pour te servir quand tu rames, et qu'a oubliée chez moi Epiurus, le timonier, un jour qu'il avait couché ici ?

DORION

Il me l'a bien reprise, ton Epiurus qui l'avait reconnue sur moi, à Santon, et après une longue lutte, bons dieux! Moi, je t'ai apporté des oignons de Chypre, cinq anchois et quatre perches, lorsque nous sommes revenus du Bosphore. Qu'est-ce qu'il y a en outre? Ah! huit biscuits de mer dans leur corbillon, un cabas de figues de Carie, et dernièrement des sandales dorées de Patare, vilaine ingrate. J'allais oublier un superbe fromage de Gythium[70].

MYRTALE

Tout cela, Dorion, fait bien quelque chose comme cinq drachmes.

DORION

Ah! Myrtale, c'était tout ce que pouvait t'apporter un pauvre marin à solde. Il n'y a pas longtemps que je commande le flanc droit du navire, et tu me dédaignes. Mais tout récemment, aux Aphrodisiaques[71], n'ai-je pas déposé à ton intention une drachme d'argent aux pieds de Vénus? J'ai, de plus, donné deux drachmes à ta mère, pour s'acheter une chaussure, et je glisse souvent dans la main de cette Lydé deux ou trois oboles. Le tout additionné fait la fortune d'un matelot.

MYRTALE

Des oignons et des anchois, Dorion?

DORION

Certainement: je ne pouvais pas te donner davantage; je ne serais pas matelot, si j'étais riche. Ma mère, je ne lui ai jamais apporté même une tête d'ail. Je voudrais bien savoir maintenant les cadeaux que tu as reçus de ton Bithynien.

MYRTALE

D'abord la robe que voici: il me l'a achetée, et puis ce gros collier.

DORION

Ce collier? Mais je te le connaissais depuis longtemps.

---

[70] Petite ville maritime de Laconie.
[71] Ou Aphrodisies, fête d'Aphrodite (NDE).

MYRTALE

Celui que tu m'as vu était bien plus mince et n'avait pas d'émeraudes. Vois encore ces pendants d'oreilles, ce tapis : dernièrement c'étaient deux mines ; il a aussi payé notre loyer. Ce ne sont pas là sandales de Patare, fromage de Gythium et autres babioles.

DORION

Mais tu ne nous dis pas comment est fait ce bel amoureux avec qui tu couches : un homme qui a passé la cinquantaine, complètement chauve et au teint de langouste ; as-tu vu ses dents ? O Dioscures ! le gracieux personnage, surtout lorsqu'il chante et qu'il fait le joli ! Un âne jouant de la lyre, comme dit le proverbe ! Jouis-en donc à ton gré ; tu en es bien digne. Puisse-t-il naître de vous deux un poupon qui ressemble à son père ! Moi je trouverai sans peine quelque Delphis, quelque Cymbalium de ma condition, ou notre voisine la joueuse de flûte, ou toute autre enfin. Des tapis, des colliers, des présents de deux mines, nous n'en avons pas tous à donner.

MYRTALE

Heureuse la belle qui t'aura pour amant, Dorion ! Tu lui apporteras des oignons de Chypre et du fromage, quand tu reviendras de Gythium.

XV. COCHLIS ET PARTHÉNIS

COCHLIS

Pourquoi pleures-tu, Parthénis? D'où viens-tu, avec tes flûtes brisées?

PARTHÉNIS

Ce soldat, ce grand Étolien, l'amant de Crocale, m'a donné des soufflets, parce qu'il m'a trouvée chez sa maîtresse, où je jouais de la flûte, payée par son rival Gorgus. Il a brisé mes flûtes, renversé la table sur laquelle nous soupions, et jeté les coupes par terre, puis, saisissant ce rustre de Gorgus par les cheveux, il l'a traîné hors de la salle: là, ce soldat, qui s'appelle, je crois, Dinomaque, et un de ses camarades, l'ont entouré et l'ont frappé si violemment que je me demande, Cochlis, s'il est mort ou vif. Le sang lui coulait du nez; il avait le visage gonflé et tout meurtri.

COCHLIS

Cet homme était-il fou, ou bien était-ce ivresse et délire bachique?

PARTHÉNIS

Jalousie tout simplement, Colchis, et transport amoureux. Crocale, je crois, lui avait demandé deux talents s'il voulait vivre avec elle: Dinomaque refuse. Alors Crocale lui jette sans ménagement la porte sur le nez, reçoit Gorgus d'Œnée, riche laboureur, qui depuis longtemps lui faisait la cour, boit avec lui et m'envoie quérir pour jouer de la flûte. La partie allait bon train, je jouais un air lydien, et notre paysan se levait pour danser aux applaudissements de Crocale: tout était à la joie, quand soudain on entend du bruit, des cris; la porte d'entrée est brisée, et au même moment huit jeunes gaillards s'élancent, et le Mégarien avec eux: ils culbutent tout; Gorgus, comme je te l'ai dit, est poussé, jeté par terre, foulé aux pieds. Crocale, je ne sais comment, s'était enfuie chez Thespias, sa voisine. Après m'avoir souffletée: «Va-t'en aux corbeaux!» s'écrie Dinomaque; et en même temps il me jette au nez mes flûtes brisées; et maintenant je me sauve raconter tout à mon maître. Cependant notre paysan est allé trouver quelques-uns de ses amis de la ville, pour livrer le Mégarien aux magistrats.

COCHLIS

Voilà ce qu'on gagne à ces amours soldatesques: des coups et des procès.

D'ailleurs, ils se disent tous généraux ou capitaines ; mais, quand il faut financer : «Attendez la solde, répondent-ils ; je recevrai mon traitement et je vous donnerai tout ce que vous voudrez !» Foin de tous ces hâbleurs ! J'ai bien raison de n'en pas recevoir un seul. Que le sort m'envoie un pêcheur, un matelot, un paysan de ma condition, qui fait peu de compliments, mais beaucoup de présents ! Quant à ces porteurs d'aigrettes, à ces raconteurs de batailles, chansons, Parthénis !

Table des matières